Isolde Maria Lenniger

WohlfühlVO für Rechtsanwältinnen und Rechtsanwälte

Mit Bildern
von Philipp Heinisch

Isolde Maria Lenniger

WohlfühlVO

Entspannung und produktive
Stressbewältigung für
Rechtsanwältinnen und Rechtsanwälte

Mit Bildern von Philipp Heinisch

W DE G RECHT De Gruyter Recht · Berlin

Isolde Maria Lenniger, Dipl.-Psychologin, Berlin
Philipp Heinisch, Zeichner und Maler, Berlin

♾ Gedruckt auf säurefreiem Papier,
das die US-ANSI-Norm über Haltbarkeit erfüllt.

ISBN-13: 978-3-89949-246-0
ISBN-10: 3-89949-246-3

Bibliografische Information Der Deutschen Bibliothek

Die Deutsche Bibliothek verzeichnet diese Publikation in der Deutschen Nationalbibliografie; detaillierte bibliografische Daten sind im Internet über http://dnb.ddb.de abrufbar.

Printed in Germany
Einbandgestaltung: Martin Zech, Bremen,
unter Verwendung einer Zeichnung von Philipp Heinisch
Datenkonvertierung und Layout: Katja Brockmann, Berlin
Druck und Bindung: Druckhaus »Thomas Müntzer« GmbH,
Bad Langensalza

Vorwort

Wie »spannend« unser Beruf ist, wissen Sie und ich, – und doch fehlt es so mancher Kollegin und manchem Kollegen am ausgleichenden Gegengewicht, – der Ent-Spannung. Wenn der Alltag richtig stressig ist, müssen am Tagesende häufig das Fernsehprogramm oder ein »Absacker« genügen, um das notwendige Quantum Entspannung zu bringen, was natürlich auf Dauer nicht entlastet.

Deshalb ist es erfreulich, dass dieses Buch viele Impulse zum erfolgreichen und gesunden Umgang mit Stress enthält und dabei speziell auf die berufliche Situation von Anwältinnen und Anwälten eingeht.

Sie erhalten durch Dipl.-Psychologin Isolde Maria Lenniger, die seit über 20 Jahren Seminare zum Thema Stress leitet, und Ex-Anwalt Philipp Heinisch sachkundige und einfühlsame, zum Teil graphisch unterstützte Anregungen, wie Sie den Stress meistern können und mehr Gelassenheit und Wohlbefinden erreichen.

Aber auch, wer »nur« ein schönes Buch zum Genießen haben möchte, kommt voll auf seine Kosten.

Rechtsanwalt Hartmut Kilger

Inhalt

Einleitung

Sie kennen das: Eine Beweisaufnahme, die dauert und dauert; der Zeuge verspätet sich. Sie haben so etwas schon befürchtet, die Mandanten[1] gleich zu einem späteren Zeitpunkt bestellt und nun dauert es noch länger als erwartet; der werte Kollege fragt und fragt, Ärger und Spannung bauen sich im Saal auf. Sie denken unwillkürlich daran: In der Kanzlei haben Sie einen Termin mit einem Geschäftsmann, der ein lukratives Mandat verspricht. Sie möchten ihn nicht warten lassen. Und dann auch noch lange Schlangen vor den Ampeln. Unter den üblichen Entschuldigungen beginnen Sie das Mandantengespräch – sachlich natürlich fundiert, aber innerlich total angespannt. Jetzt ist es schon 19.30 Uhr; die Post muss noch unbedingt unterschrieben (und natürlich auch gelesen) werden und eigentlich wollten Sie heute mit Ihr/Ihm schön essen gehen. Keine Frage: Rechtsanwältinnen und Rechtsanwälte erleben täglich jede Menge Stress, der sich, wenn sie außer der Berufstätigkeit kleine Kinder zu versorgen haben, noch verstärkt.

Der Stress entwickelt sich nicht nur durch das unmittelbare juristische Tun, sondern auch durch den immer notwendiger werdenden Zwang sich gut zu vermarkten. Insgesamt ändern sich die Anforderungen im Anwaltsberuf mit einer solchen Dynamik, dass es immer schwerer ist, innere Ruhe zu bewahren.

Das Patentrezept, wie man in Stresssituationen gelassen bleibt, ist bis jetzt noch nicht erfunden. Dennoch finden Sie in der »WohlfühlVO« zahlreiche unterschiedliche Anregungen, wie Sie Ihre Kompetenz im Umgang mit Stress erweitern und ihn aktiv meistern können. Dies geschieht weniger durch theoretisches Wissen als vielmehr durch bewusstes Wahrnehmen und praktisches Tun. Deshalb ist die Theorie (Kapitel 1) auf ein Basiswissen »abgespeckt«.

Im 2. Kapitel werden Sie angeregt, sich mit Ihren Stressreaktionen auseinander zu setzen. Stressbewältigung dient der Psychohygiene. Ähnlich wie die Körperpflege ist sie kein einmaliger »Vorgang«, sondern ein tagtäglicher und lebenslanger Prozess, der aus vielen kleinen Schritten besteht.

Im 3. Kapitel finden Sie viele Impulse zur aktiven und gesunden Stressbewältigung. Kapitel 3.1 beginnt damit, dass Sie »Ihren Stress«

genau unter die Lupe nehmen und eine Bestandsaufnahme Ihrer Stressfaktoren machen. Anregungen, wie Sie alltägliche Situationen, z. B. Vorträge oder Autofahrten zur Stressbewältigung nutzen können, erhalten Sie im Kapitel 3.2. Wie Sie durch Mikroübungen – das sind Übungen, für deren Ausführung Sie nur wenige Minuten benötigen – neue Energie schöpfen können, erfahren Sie im Kapitel 3.3. Sie finden im Kapitel 3.4 Körperübungen aus dem tibetischen Heilyoga. Diese entspannen die Muskeln und das Nervensystem und sind einfach auszuführen. Anliegen von Kapitel 3.5 ist es, Sie zu unterstützen, durch mentales Training Ihre innere Balance zu stärken. Um die Ausgewogenheit von Nähe und Distanz in Ihrem Kontakt zu den Mandanten geht es im Kapitel 3.6. Der Wert von privaten und persönlichen Beziehungen in bezug auf Stress wird in Kapitel 3.7 erläutert. Wer nicht genießt, wird ungenießbar, deshalb ist Kapitel 3.8 dem Genießen gewidmet.

Auf dem Weg zu mehr Ruhe und Gelassenheit kommen Sie eher zum Erfolg, wenn Sie sich sinnvolle und erreichbare Ziele setzen. Anleitungen dazu finden Sie im 4. Kapitel.

Schließlich und endlich stoßen Sie zum Abschluss unweigerlich auf den »Gesetzestext«, dessen Kommentierung Sie gelesen haben.

Die einzelnen Kapitel setzen zum einen am Körper und zum anderen an den Gedanken (mentales Training) und Gefühlen (emotionale Intelligenz) an. In ihren Auswirkungen sind die unterschiedlichen Ansatzpunkte miteinander verbunden: Wenn Sie durch mentales Training etwas für Ihr seelisches Gleichgewicht tun, entspannt sich auch der Körper. Treiben Sie Sport, so bauen Sie Stresshormone ab, das hat wiederum positive Auswirkungen auf Ihre seelische Balance.

Es ist nicht nötig, dass Sie jede Anregung aus diesem Buch in die Tat umsetzen. Wählen Sie einfach aus und finden Sie heraus, was Ihnen am meisten zusagt und geeignet ist, Ihren Stress abzubauen. Vielleicht probieren Sie aber auch etwas aus, was Ihnen zunächst ungewohnt erscheint. Das Ausprobieren von Neuem, das lebenslange Lernen, erweitert Ihren Horizont und fördert Ihre geistige Beweglichkeit.

Wir wünschen Ihnen beim Lesen und Erproben dieser Wohlfühlverordnung viel Freude und Entspannung.

Isolde Maria Lenniger
Philipp Heinisch

1. Stress

1.1 Stress – was ist das?

Stress, ein Wort, das vor 50 Jahren kaum jemand kannte, gehört heute zum allgemeinen Sprachgebrauch. Ist Stress deswegen eine Erfindung unserer Zeit? Das wohl kaum; denn der Vorgang, den wir heute mit Stress bezeichnen, ist ein ausgesprochen altes Phänomen. Schon der Steinzeitmensch stand im Stress, wenn er von einem wilden Tier verfolgt wurde oder es jagte. Die Merkmale und Auswirkungen des Stresses werden jedoch erst seit etwa 1980 systematisch erforscht.[2] Der Begriff »Stress« stammt aus der Physik, genauer gesagt aus der Materialforschung. Er beschreibt dort den Zug und die Spannung, die auf ein Material einwirken. Wenn wir an ein Stahlseil ein zu schweres Gewicht hängen, hält es die Spannung nicht aus und zerreißt. Der Urheber der Stressforschung, der Arzt Dr. Hans Selye, übertrug das Stressmodell auf uns Menschen und fand heraus: Auch wir können zerbrechen, wenn wir unter zu starker körperlicher und/oder seelischer Anspannung = Stress stehen.

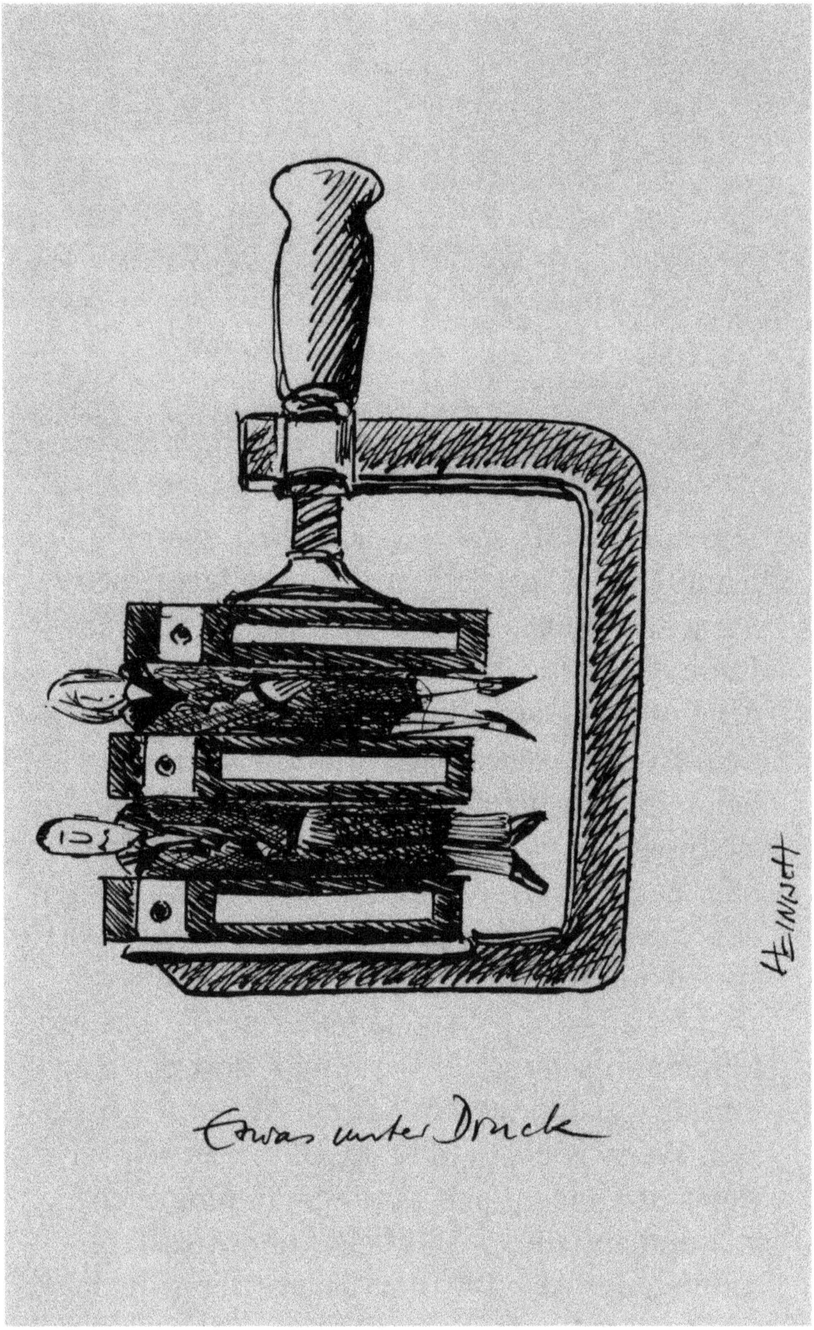
Etwas unter Druck

Die Weltgesundheitsorganisation erklärte Stress zu einer der größten Gesundheitsgefahren des 21. Jahrhunderts.

1.2 Sollen wir ein Leben ohne Stress führen?

Nein. Ein Leben ganz ohne Stress ist weder möglich noch erstrebenswert und wäre richtig langweilig. Stress verleiht uns in Gefahrensituationen besondere Kraft und ein schnelles Reaktionsvermögen. Manchen Erfolg könnten wir nicht genießen, wenn wir uns nicht bestimmten Strapazen ausgesetzt und Hindernisse gemeistert hätten. Welche Überwindung kostet es manchmal vor allem den Berufsanfänger, sich mit Wissenslücken, eigenen fachlichen Fehlern oder einer verfahrenen Situation auseinander setzen zu müssen. Und welches Wohlgefühl macht sich breit, wenn nach dem Stress und der Anstrengung die Dinge zu einem befriedigenden Abschluss kommen. Stress ist, wie Selye es einmal ausdrückte, die Würze des Lebens.

Stress darf und soll also sein. Er ist notwendiges Lebenselixier und Ursache für Krankheiten in einem. Deshalb lautet die zentrale Frage: Wieviel Stress verkraften Sie – ohne an Leib oder Seele Schaden zu nehmen?

1.3 Gesund und leistungsfähig durch die Stressbalance

Für manchen Anwalt und manche Anwältin ist das »Im-Stress-Stehen« zu einem gewohnten Lebensgefühl geworden. Sie weisen schon den Gedanken an Entspannung von sich und befürchten, damit Zeit zu verlieren und unproduktiv zu sein. Sie denken:

- Wenn ich im Stress bin, leiste ich viel und bin wichtig.
- Wenn ich gestresst wirke, sehen die anderen, dass ich mich engagiere.
- Wenn ich keinen Stress habe, ist das ein Zeichen, dass ich ziemlich erfolglos bin.

Die Frage ist, ob solche Sätze stimmen. Vielleicht überzeugen Sie folgende »Argumente« vom Wert der Entspannung: Isaac Newton lag im Halbschlaf im Garten unter dem Apfelbaum, als ihm ein Apfel auf den Kopf fiel, der ihn zur Entdeckung der Gesetze der Schwerkraft anregte. Galileo Galilei saß allein gedankenverloren in der Kirche und beobachtete eine Pendellampe, deren Bewegung ihn zu einem Bewegungsgesetz führte. Auch Anwältinnen und Anwälte berichten, wie ihnen beim Joggen oder anderen Entspannungsarten die ausgefallensten Strategien in den Sinn gekommen sind, die sich bei Prozessen oder anderen streitigen Verhältnissen als ausgesprochen erfolgreich erwiesen haben.

Eigentlich leuchtet es unmittelbar ein, dass wir weitaus produktiver sind und weniger Fehler machen, wenn wir ruhig und gelassen an die Arbeit herangehen. Wahrscheinlich kennen Sie es selbst, nach einem erholsamen Urlaub arbeiten Sie besser als drei Tage vor der Reise.

Von anderer Qualität ist der Stress, der sich einstellt, wenn Sie positiv von dem erfasst sind, was Sie tun (sog. Eu-Stress). Wenn Sie z. B. bei einer fachlichen oder rechtlichen Recherche fündig werden und so einer rechtlichen Auseinandersetzung eine ganz andere Wendung zugunsten Ihrer Mandantschaft geben können. Mit wie viel Energie und Intensität gehen Sie da zu Werke! Aber Achtung: Auch wenn Sie Ihre Arbeit als sehr befriedigend empfinden und Ihr Geist auf Hochtouren arbeitet und arbeiten möchte: Ihr Körper braucht Pausen, sonst verlernen Muskeln und Nervensystem die natürliche Fähigkeit zur Entspannung. Das wird unmittelbar klar, wenn man ans Tanzen oder andere Sportarten denkt, die die meisten von uns als Eu-Stress empfinden. Würde man jedoch ununterbrochen tanzen oder seinen Lieblingssport betreiben,

würde sich auch hier der Eu-Stress sehr schnell in Dis-Stress verwandeln.

Die Erkenntnisse der Stressforschung besagen, dass es vor allem der Dauerstress ist, der uns überfordert und unserer Gesundheit schadet. Wir werden heute älter als je zuvor und erleben so die Langzeitschäden chronischer Belastungen. Der im Dauerstress erzeugte Aufruhr der Stresshormone nagt am Gedächtnis, nährt den »Rettungsring« um Bauch und Hüften und schwächt das Immunsystem. Dauerstress hängt zudem mit gerade jenen degenerativen Krankheiten zusammen, die in den postindustriellen Gesellschaften das meiste Leid verursachen und volkswirtschaftlich die größten Schäden anrichten: Muskel- und Skeletterkrankungen, Herz-, Kreislauferkrankungen und Depressionen.

Als Faustregel gilt: Je länger wir im Stress stehen, um so längere Entspannungsphasen brauchen wir. Mit zunehmendem Alter lässt überdies die Spannkraft nach und die Regenerationsphasen dauern länger. Um langfristig gesund und leistungsfähig zu bleiben, brauchen wir also eine Balance zwischen Anspannung und Entspannung.

2. Stressreaktionen

2.1 Wie reagieren Sie auf Stress?

Während wir im Stress stehen, findet ein komplexes Zusammenspiel statt: Nicht nur unsere Körperreaktionen, sondern auch unsere Gefühle, Gedanken und unser Verhalten beeinflussen sich wechselseitig. Wenn wir z. B. zu lange ohne Pause arbeiten, reagiert unser Körper durch Muskelverspannungen und eine Überlastung des Nervensystems. Beobachten Sie sich einmal, wie es Ihnen geht, wenn Sie fünf Stunden am Schreibtisch gesessen und gegnerische Schriftsätze, kleingedruckte AGBs oder Fachliteratur in Print- oder Elektronikmedien durchgearbeitet haben. Dieser übliche, aber reichlich ungesunde Zustand wirkt sich auch auf unsere Gefühle und Gedanken aus. Wir fühlen uns gehetzt, gedanklich und körperlich angespannt. Natürlich reagiert jeder Mensch unterschiedlich auf Stress. Der eine bekommt hohen Blutdruck, die andere Migräne oder Konzentrationsprobleme.

Damit Sie Ihre Stressreaktionen frühzeitig erkennen können, finden Sie anhand der nachfolgenden Tabelle heraus, wie Sie auf Stress reagieren.

Allgemeine Stressreaktionen:[3]

Körper	Gefühle/Gedanken	Verhalten
▪ Verspannung der Muskeln ▪ Abnutzungserscheinungen an den Gelenken ▪ Rücken-, Kopfschmerzen ▪ Herz-, Kreislaufbeschwerden ▪ Verdauungsbeschwerden ▪ Schlafstörungen ▪ Atembeschwerden ▪ Magenbeschwerden ▪ Sexuelle Funktionsstörungen ▪ Schwächung des Immunsystems ▪ Entspannungsunfähigkeit	▪ Empfindung gesteigerter innerer Unruhe ▪ Nervös, gehetzt ▪ Gefühle der Unzufriedenheit und des Ärgers ▪ Erhöhte Reizbarkeit ▪ Gefühlsschwankungen ▪ Angst, z. B. zu versagen, sich zu blamieren ▪ Gefühle der Hilflosigkeit ▪ »kreisende«, grüblerische Gedanken, z. B. »Das schaffe ich nie.« »Die anderen können das besser.« »Immer ich.« ▪ Leere im Kopf (black out), Denkblockaden ▪ Selbstvorwürfe ▪ Erschöpfungszustände ▪ Depressionen	▪ Hastiges, ungeduldiges Verhalten ▪ Konzentrationsstörungen ▪ Schnelles, abgehacktes Sprechen ▪ Tendenz, andere zu unterbrechen ▪ Leistungsstörungen ▪ Unkoordiniertes Arbeitsverhalten, mangelnde Planung und Ordnung ▪ Konfliktreicher Umgang mit anderen Menschen ▪ Betäubungsverhalten, z. B. mehr und unkontrolliert rauchen, essen oder Alkohol trinken ▪ Schmerz-, Beruhigungs- oder Aufputschmittel einnehmen

Es kann sein, dass Sie Ihre Stressreaktionen relativ gleichmäßig in jeder Spalte finden. Ebenso ist es möglich, dass Sie auf Stress vorwiegend körperlich oder mit den Gefühlen/Gedanken oder durch bestimmte Verhaltensweisen reagieren. Nachdem Sie nun gemerkt haben, wie unterschiedlich sich Stressreaktionen manifestieren, stellt sich die Frage: Wie gehen Sie mit Ihren Stress-Warnsignalen um?

Gängige Reaktionen sind vor allem Selbstvorwürfe, z. B.:

- »Warum kann ich nicht schlafen?
  Wie konnte ich nur so dumm sein und anfangen, Schlaf- oder Aufputschmittel zu nehmen?«

- »Wie kann ich nur so wenig belastbar sein und ständig Kopf- oder Rückenschmerzen bekommen?«

- »Wie konnte ich nur den Berufungsschriftsatz (wieder einmal) in der letzten Minute fertig machen, um dann einen entscheidenden Fehler zu übersehen?«

Aber Vorwürfe bauen den Stress nicht etwa ab, sondern verstärken ihn.

Ein Weg in die richtige Richtung ist eher, die »Sprache« unserer Stress-Symptome zu erlernen. Wenn Ihre Kopf- oder Rückenschmerzen oder der Blutdruck reden könnten, was würden sie sagen?

Vielleicht würde der Kopf sagen: »He, merkst Du nicht, dass Du ständig nur Arbeit im Kopf hast?« Der Rücken könnte sagen: »Denk auch mal daran, welche Lasten Du mir täglich aufbürdest.

Ich möchte, dass Du mir mehr Rückendeckung gibst. Du kannst mich stärken, wenn Du mehr zu Dir stehst.« Und ähnlich würden die anderen Organe oder Stress-Signale sprechen.

Machen Sie die Probe aufs Exempel und sprechen Sie mit Ihrem Blutdruck, Ihrer Leber oder Ihrem Magen. Sie können diese Organe genau so wie beratungsbedürftige Mandanten unterstützen, damit diese gewissermaßen zu ihrem Recht kommen.

Anwalt, hör' die Signale!

Je weniger Sie sich häufende und anhaltende Stresssignale beachten oder je mehr Sie diese mit Tabletten oder Drogen betäuben, desto eher fühlen Sie sich körperlich und seelisch ausgebrannt. Vielleicht entwickeln Sie ein Burnout-Syndrom, mit dem wir uns im Folgenden beschäftigen.

2.2 Burnout: (k)ein wichtiges Thema

Beim Burnout-Syndrom handelt es sich nicht um eine Krankheit im engeren Sinne, sondern, wie der Name schon sagt, um ein Syndrom, das viele Facetten hat. In der englischen Sprache wird es als Chronic Fatigue Syndrome, CFS »chronisches Erschöpfungssyndrom«, bezeichnet.

Ein Burnout-Syndrom entwickeln besonders Menschen in helfenden Berufen, z. B. Seelsorger, Ärzte, Lehrer, Psychologen, auch Anwälte und Anwältinnen. Am meisten gefährdet sind Personen mit einem ausgeprägten Verantwortungsbewusstsein und einem hohen Perfektionsanspruch.

Erhöhter Arbeitseinsatz und Ehrgeiz bringen uns oft beruflich voran, doch wenn wir letztendlich ein Burnout-Syndrom entwickeln, kann das zu beruflichen Misserfolgen führen.

Burnout ist in der Gesellschaft und besonders unter Kollegen ein Tabuthema. Wer möchte schon gern von einem »ausgebrannten« Anwalt vertreten werden? Doch das Totschweigen dieses Themas bringt uns nicht weiter und kann sogar gefährlich werden. Burnout ist kein Schicksalsschlag, der plötzlich über uns hereinbricht, sondern baut sich in einem schleichenden und langsamen Prozess auf. Wir haben die Möglichkeit, es erst gar nicht so weit kommen zu lassen, was voraussetzt, dass wir uns bewusst darüber informieren. Wenn wir ihn nicht stoppen, kann der Burnout-Prozess in folgenden Phasen verlaufen.

Typische Phasen des Burnout-Syndroms[4]

1. Phase: Enthusiasmus/Idealismus
»Es beginnt feurig«

In dieser Phase hat man nur wenig Gespür für das Machbare. Begeistert, mit Feuer im Herzen, beginnt man die Arbeit, hat übertriebene Erwartungen an sich selbst und steckt das eine oder andere Ziel zu hoch. Die Arbeit macht Spaß, man arbeitet pausenlos und viel zu lange.

2. Phase: Realismus/Pragmatismus
»Die Flamme brennt«

Der Reiz des Neuen verblasst, allmählich entwickelt man das Gefühl, nicht so recht vorwärts zu kommen. Man zweifelt an sich selbst. Oft möchte man mit verstärktem Einsatz und/oder zwanghaft mit verbissener Entschlossenheit beweisen, dass man etwas kann. Da jedoch die Arbeitsfreude nachlässt, kommt es auch zu Schwankungen in der Leistung. Persönliche Beziehungen und Bedürfnisse werden vernachlässigt.

3. Phase: Stagnation/Überdruss
»Der Funkenflug wird matter«

Man stellt die Arbeit in Frage und überlegt, ob man den falschen Beruf gewählt hat. Erste Anhaltspunkte der Burnout-Gefahr zeigen sich. Man entwickelt ein Gefühl der Machtlosigkeit und zweifelt an seinem Können. Man ist negativ eingestellt, macht nur sich für das »Versagen« verantwortlich. In der Zusammenarbeit reagiert man schnell nervös und es kommt zu Konflikten. Unmerklich schottet man sich immer mehr von sozialen Beziehungen ab.

4. Phase: Rückzug und Depression
»Arbeiten auf Sparflamme«

Die Arbeit wird auf das Notwendigste reduziert; denn man befindet sich in einer Sinnkrise: »Wofür arbeite ich hier eigentlich 10 oder 12 Stunden am Tag? Hat das irgendeinen Sinn?« Die Ursache für die unbefriedigende Situation wird nicht bei sich, sondern eher bei anderen gesucht. Parallel dazu wachsen seelische und körperliche Beschwerden sowie Gefühle von innerer Leere. Soziale Kontakte werden auf ein Minimum reduziert.

5. Phase: Apathie/Verzweiflung
»Die Glut verlischt«

Das Endstadium einer echten Lebenskrise ist erreicht. Depression, Verzweiflung, innerer und äußerer Rückzug, Verschlossenheit, Zynismus und Selbstmitleid bestimmen den Umgang mit sich selbst und der Welt. Gegenüber den Mandanten entwickelt der »Ausgebrannte« negative Gefühle, er hört gar nicht mehr richtig auf das, was sie sagen, oder meidet den Kontakt zu ihnen.

Das, wie gesagt, ist ein prototypischer Aufriss einer Entwicklung, die jeder, der hart arbeitet, tendenziell spürt, aber gern auch verdrängt. So sind Sie wahrscheinlich kurz vor dem Urlaub manchen Phasen des Burnout-Prozesses näher als nach dem Urlaub. Stellen Sie jedoch fest, dass das Lebensgefühl des »Ausgebranntseins« Sie mehr oder weniger täglich begleitet, ist es ratsam, professionellen Rat zu suchen, um aus der Krise, die ja immer auch eine Chance ist, herauszukommen.

2.3 Wie entsteht Stress?

Was denken Sie? Wo und wie entsteht Stress? Was ist sein Ursprung? Kommt er von außen, aus der Umwelt oder entsteht er im Inneren des Menschen? Ist er von Ihnen in gewisser Weise hausgemacht? Es stimmt beides.

Die Ursachen von Stress liegen nur zu einem Teil in objektiven Lebensumständen und Arbeitsbedingungen. Jeder von uns ist von Stressquellen umgeben; doch jeder reagiert anders darauf. Stress entwickelt sich immer durch eine Wechselbeziehung zwischen den objektiven äußeren Bedingungen im Privat- und Berufsleben und den individuellen inneren Reaktionen.

Stellen Sie sich vor, Sie sind frisch verliebt oder kommen gerade von einem wunderbaren Urlaub zurück. Lassen Sie sich da von Kollegen, Richtern oder Mandanten so schnell aus der Fassung bringen wie etwa drei Tage vor dem Urlaub, wenn alle ungeliebten Vorgänge auf einmal vor Ihnen auf dem Tisch liegen?

Ein Teil des Stressempfindens ist abhängig von der jeweiligen Tagesform und von Person zu Person verschieden. Während Rechtsanwalt X schon bei dem Gedanken, vor Gericht auftreten zu müssen, in Stress gerät, ist das für seinen Kollegen eine willkommene Herausforderung.

Wenn Stressreaktionen individuell sehr unterschiedlich sind, dann interessiert natürlich auch, wie der Einzelne äußerst kritische Lebensereignisse meistert, z. B. den Tod eines Angehörigen, Scheidung, berufliche Niederlagen. Sind das also besonders gefährliche Stressauslöser? Heute wissen Stressforscher, dass die gesundheitlichen Langzeitschäden weniger von den großen einschneidenden Ereignissen in der Biographie eines Menschen ausgehen. Viel gefährlicher ist die tägliche Missachtung der eigenen Bedürfnisse, das Nichteinhalten von kleinen Erholungspausen, das tägliche zu lange Arbeiten, das tägliche ungesunde Essen, der tägliche Zeitdruck, der tägliche Ärger mit zu vielen Verpflichtungen oder der mangelnden Büroorganisation.

Zu den Stressfaktoren, die nichts mit der fachlichen Kompetenz zu tun haben, gehört der Faktor »Geld«. In der Regel haben Anwälte in ihrer Ausbildung eine hohe juristische Qualifikation erlangt, sind jedoch in keiner Weise auf die Erledigung der juristischen Alltagspraxis (Personalführung und das Aushandeln eines Honorars) vorbereitet worden. Johanna Busmann bezeichnet das Sprechen über Geld

50
50
EURO
HEINISCH
Reden über Geld

als die Achillesferse der Anwälte und der Anwältinnen, denen es besonders schwer fällt, über Geld zu reden.[5] Sie betont, die Honorarfrage gehört ins Erstgespräch: »Ein Anwalt, der zu spät, unvollständig, widerwillig oder gar nicht über das Honorar aufklärt, provoziert zu späte, unvollständige, widerwillige oder gar ausbleibende Rechnungsbegleichungen«[6] und jede Menge Stress.

Ein erfahrener Anwalt erzählt, wie in den guten alten Zeiten das Geld zum Anwalt kam: »In dem Büro, in dem ich gelernt habe, hat ein Anwalt nicht im Traum daran gedacht, mit Mandanten über das Honorar zu sprechen, das machte der Bürovorsteher, der auch die Rechnungen schrieb. Die Anwälte haben sich mit Geld nicht beschäftigt, weil auch genügend Aufträge da waren. Ich muss persönlich sagen, ich habe das immer sehr elegant gefunden. Das Honorargespräch fällt mir heute noch nicht leicht, das geht vielen Kollegen so. In alten Zeiten wurde in England das Geld vom Mandanten, der im Gerichtssaal hinter dem Anwalt saß, in die Robe gesteckt. Der Anwalt vorne hat gar nicht gewusst, wie hoch sein Honorar ausfällt. Je nach dem, wie er plädierte, wurde seine Robe immer schwerer. Leider Gottes sind wir heute Serviceunternehmen, wir müssen lernen, über Geld zu reden.«[7] Dem ist

nichts hinzuzufügen. Anwälte sind gut beraten, wenn sie in sich selber investieren und sich im »Sprechen über Geld« seriös ausbilden lassen. Kurse dazu bieten die Kammern und Vereine an und keiner, der materiellen Stress vermeiden will, sollte sich dafür zu schade sein.

Häufig entwickeln wir auch Stress, weil wir unsere Arbeit von folgenden Sätzen bestimmen lassen:

- Meine Arbeit soll immer ohne Fehl und Tadel sein.
- Ich darf den Mandanten nicht enttäuschen.
- Durch meine Arbeit soll meine Familie[8] ein besseres Leben haben.
- Ich genieße das Leben, wenn ich älter bin.
- Meine Arbeit ist für mich der wichtigste Lebensinhalt.
- Ich möchte es allen recht machen.
- Ich möchte bei allen beliebt sein.
- Ich trage für alles Verantwortung.
- Ich hätte weniger Stress, wenn die anderen (z. B. Kollegen, Mandanten, Behördenvertreter) sich ändern würden.
- Ich erwarte insgeheim, dass andere genau so denken wie ich.
- Wenn ich älter bin, nehme ich mir mehr Zeit für mich.

- Wenn ich älter bin, mache ich das, was ich schon immer tun wollte und erfülle mir meine Lebensträume.
- Ich bin nicht so gut wie die anderen.
- Ich darf die Kontrolle nicht verlieren.
- Ich kann Kritik nur schwer ertragen.
- Ich kann nur schwer nein sagen.
- Ich erwarte von meinem Körper, dass er pausenlos funktioniert.
- Ich darf den Rechtsstreit auf keinen Fall verlieren.
- Ich darf keine Fehler machen.
- Ich schaffe alles allein.
- Ich muss immer stark sein.
- Ich muss mich immer anstrengen, weil ich sonst nichts erreiche.
- Ich muss alles schnell machen.
- Ich muss immer erfolgreich sein.

Vielleicht erkennen Sie sich in der einen oder anderen Aussage wieder.

Ergänzen Sie diese Liste durch Ihre ganz persönlichen Antreibersätze:

Nehmen Sie sich einen Augenblick Zeit und überlegen Sie, welcher dieser Sätze einer realistischen Überprüfung standhält. Häufig tragen wir sie seit unserer Kindheit in uns. Wer zum Beispiel glaubt, er müsse alles perfekt machen und sei nur wertvoll, wenn er etwas leistet, hat möglicherweise die elterlichen Wünsche verinnerlicht: »Du bist nur dann ein liebenswertes Kind, wenn du gute, und noch besser, sehr gute Schulnoten nach Hause bringst.« Als Kinder können wir diese Erwartung unserer Eltern nicht durchschauen, wir glauben sie, ohne darüber nachzudenken. Deshalb ziehen sie sich oft unbewusst durch unser Leben. Wenn wir tiefer in uns hinein hören, stellen wir fest, dass sie unsere Einstellung zur Arbeit und ganz allgemein zum Leben beeinflussen, aber kaum rational zu begründen und oft bei der Bewältigung des Alltags hinderlich sind.

Als Erwachsene, zumal als Anwältinnen oder Anwälte, als Interessenvertreter unsrer selbst, sollten wir uns mit unseren inneren Glaubenssätzen auseinander setzen und unterscheiden, in welchen Situationen sie uns unterstützen oder schaden.

Jetzt machen wir uns an die Arbeit und wenden uns der Kunst der Stressbewältigung zu.

3. Stressbewältigung

3.1 Bestandsaufnahme: Wodurch lassen Sie sich in Stress bringen?

Eine Erste-Hilfe-Maßnahme zur Stressbewältigung ist die Bereitschaft, Ihren Stress genauer unter die Lupe zu nehmen.

Wie machen Sie das? Seien Sie Detektiv in eigener Sache, beobachten Sie sich selber, seien Sie achtsam und finden Sie heraus: wann spannen Sie z. B. die Kiefer oder den Nacken an? Diese Achtsamkeit ist keine einmalige und kurze Aktivität, die Sie Ihrem ohnehin schon beschränkten Zeitkonto abringen sollen, sondern ein ständiger Prozess. Sie können achtsam sein, wenn Sie essen, Auto fahren, am Schreibtisch sitzen, mit Mandanten sprechen.

Achtsamkeit hilft Ihnen, klarer zu erkennen, wie Sie es immer wieder schaffen, in Stress zu geraten. Damit haben Sie gute Chancen, den Automatismus des In-Stress-Kommens aufzulösen. Wer seine Schwachstellen kennt, ahnt manchmal schon, welche Situationen gefährlich sind und kann bewusster damit umgehen.

Anschließend finden Sie eine Liste möglicher Stressauslöser. Vielleicht kommen Ihnen einige aus Ihrem Alltag vertraut vor.

Mögliche Stressauslöser:

- Alles in Hast erledigen
- Man halst sich zu viel auf
- Nicht abschalten können
- Privatleben kommt zu kurz
- Termine häufen sich
- Mangelnde Möglichkeiten, neue Ideen umzusetzen
- Das Gefühl, nie richtig fertig zu sein
- Problemmandanten
- Schwierigkeiten bei den Abrechnungen
- Unangenehme Richterpersönlichkeiten
- Berufsständische Auseinandersetzungen
- Schwierige Kommunikation mit Behördenvertretern
- Unübersichtlichkeit der Fallgestaltung
- Unfruchtbare Konferenzen und Verhandlungen
- Schlechte Zeiteinteilung
- Zu wenig Schlaf
- Differenzen mit Kollegen aus der Sozietät/Bürogemeinschaft
- Differenzen mit Mitarbeitern
- Zu viel Alkohol oder sonstige Drogen
- Finanzielle Sorgen
- Schlechte Arbeitsorganisation
- Durcharbeiten ohne Pause, auch am Wochenende
- Unordnung
- Gefühl mangelnder beruflicher Kompetenz

Vielleicht ist Ihnen noch einmal bewusst geworden, was bei Ihnen ganz gut läuft und wo Ihre Stressquellen liegen. Wahrscheinlich gibt es in Ihrem Leben Stressauslöser, die in der obigen Liste nicht zu finden sind. Bitte schreiben Sie diese noch dazu:

-
-
-
-
-
-
-
-
-
-
-
-
-

Der nächste Schritt besteht darin, sich die Frage zu stellen: Welche Stressauslöser kann ich verändern und welche nicht? Wenn wir uns täglich über das aufregen, was wir als Einzelne nicht ändern können, dann verschwenden wir eine Menge Lebensenergie. Wie gehen Sie als Anwalt mit einem unproduktiven Streitverhältnis oder mit manchen Vorschriften des geltenden Rechts um, die zu problematischen Ergebnissen führen? Klagen und Bedauern bringen uns nicht viel weiter, allenfalls wirken sie für den Moment entlastend.

Effektiv sind wir mit unserem Einsatz von Energie dort, wo wir tatsächlich etwas ändern können. Schauen Sie sich unter diesem Aspekt noch einmal Ihre Stressauslöser an und stellen Sie fest, was Sie ändern können. Als Beispiel dient Ihnen das folgende Schema.

Veränderbar	Nicht veränderbar
■ Ordnung im Büro	■ Behördenvertreter
■ Zeiteinteilung	■ Gerichtstermin
■ Umgang mit sich selbst	■ Problemmandanten
■ Pausenloses Arbeiten	■ Periodischer Termindruck

In einem nächsten Schritt nehmen Sie die Veränderungen konkret in Angriff, wie z. B. die Ordnung im Büro, die Sie vielleicht in einigen Tagen oder Wochen herstellen können. Wer immer alles aufschiebt, wird eines Tages einen Berg auf dem Rücken tragen.

Wenn Sie merken, dass Sie unangenehme Aufgaben seit Wochen/Monaten vor sich herschieben, kommen Sie wieder in den Fluss, wenn Sie sich zurückziehen und eine Strategie entwickeln, wie Sie diese endlich erledigen. Für eine optimale Büroorganisation oder für ein gewinnbringendes Marketing brauchen Sie wahrscheinlich etwas länger, und manchmal ist es auch angebracht, sich professionelle Unterstützung zu holen. Dies kann erst recht sinnvoll sein, wenn die büro- oder kanzleiinterne Kommunikation stockt oder am Erliegen ist. Bei Problemen im Team kann auch einmal ein externer Berater helfen, diese zu lösen.

Gewinnen Sie auch dadurch Zeit[9], dass Sie Ihren Terminkalender von unnötigen Terminen befreien. Erlauben Sie sich, nicht überall dabei sein zu müssen, sonst laufen Sie Gefahr, der Stresstyp zu sein, den Wilhelm Busch in folgendem Gedicht charakterisiert:

Wirklich, er war unentbehrlich!
Überall, wo was geschah
zu dem Wohle der Gemeinde,
er war tätig, er war da.
Schützenfest, Kasinobälle,
Pferderennen, Preisgericht,
Liedertafel, Spritzenproben,
ohne ihn, da ging es nicht.

Ohne ihn, war nichts zu machen,
keine Stunde hatt' er frei.
Gestern, als sie ihn begruben,
war er richtig auch dabei.

Unterbrechen Sie den Teufelskreis und erweitern Sie Ihre Kompetenz im Umgang mit Stress. Im Folgenden finden Sie verschiedene Anregungen, wie Sie ohne zusätzlichen Zeitaufwand mitten im Alltag entspannen und auftanken können.

RUHE
HEINISCH
Auftanken, bitte

3.2 Achtsamkeit in alltäglichen Situationen

Wie funktioniert das? Werden Sie sensibel für die Situationen im Alltag, in denen Sie so ganz nebenbei etwas für Ihr Wohlbefinden tun können. Stellen Sie sich während des Arbeitstages immer wieder mal die Frage, ob Sie für die jeweilige Tätigkeit den richtigen »Gang« eingeschaltet haben. Oft fahren wir den ganzen Tag hochtourig und sind so sehr mit dem Geschehen in der äußeren Welt beschäftigt, dass wir erst abends, wenn wir nach Hause kommen, spüren, wie erschöpft wir sind. Wenn wir jedoch genauer hinschauen, wäre es gar nicht nötig, dass wir uns so verhalten, als wenn wir ständig mit Höchstgeschwindigkeit auf der Autobahn unterwegs sind. Wenn Sie vor einer Verhandlung warten müssen, bringt es Sie nicht weiter, wenn Sie immer noch auf hohen Touren laufen – niedrige Touren verbrauchen einfach weniger Sprit/Energie, die Sie später noch gut gebrauchen können. Also, vielleicht fahren Sie Ihren Tank nicht leer und nutzen die Gelegenheit zu einer inneren Ruhepause.

Kommen Sie aktiv zur Ruhe und gönnen Sie sich Auszeiten, wenn Sie nach außen wenig aktiv sein müssen, z. B. wenn Sie mit öffentlichen Verkehrsmitteln fahren, in Vorträgen oder Konferenzen sitzen oder in der

Einkaufsschlange stehen. Lassen Sie sich inspirieren, Ihren Tag so zu gestalten, dass Sie trotz aller Aufgaben, die nun mal zu erledigen sind, immer wieder Phasen finden, in denen Sie für Ihre Balance zwischen An- und Entspannung sorgen.

Den meisten von uns ist bekannt, dass wir die innere Verfassung unserer Mitmenschen am Gesichtsausdruck oder an der Körperhaltung erkennen. Neuere Forschungen zeigen, dass das nur die eine Seite der Medaille ist.[10] Nicht nur wir lesen die Körpersprache der anderen, auch unser eigenes Gehirn registriert, ob wir beispielsweise gebückt oder aufrecht stehen, lächeln oder die Stirn runzeln. Der Einfluss des Körpers auf die eigene Person wird in der Forschung Bodyfeedback genannt. Wer die Wirkungszusammenhänge kennt, kann bestimmte Körperhaltungen und den Gesichtsausdruck vermeiden oder gezielt einsetzen, um Stress sowie negativen Einflüssen auf Leistungen und Verhalten vorzubeugen. Beispielsweise signalisiert eine aufrechte Körperhaltung im Gegensatz zu nach vorn hängenden Schultern und einem damit verbundenen gebeugten Rücken dem Gehirn eine offene und positive Lebenseinstellung. Erinnern Sie sich während des Tages hin und wieder an eine aufrechte Körperhaltung und lassen Sie das Stirnrunzeln,

so fühlen Sie sich nicht nur weniger gestresst, so manche Arbeit wird Ihnen leichter von der Hand gehen. Die bekannteste Auswirkung des Bodyfeedbacks ist das Lachen. Wenn wir kräftig und herzhaft lachen oder uns während des Tages immer wieder 60 Sekunden an den Lachvorgang erinnern und innerlich lächeln, werden im Gesicht jede Menge Nervenpunkte berührt und Informationen an die Nervenbahnen weitergeleitet. Nach Erkenntnissen der psychoneurologischen Forschung stärken Lachen sowie inneres Lächeln unser Immunsystem, »Glückshormone« werden ausgeschüttet und Stress abgebaut.[11]

Es folgen weitere Anregungen zur Stressbewältigung, die keine Zeit kosten und doch – nach dem Prinzip, steter Tropfen höhlt den Stein – wirksam sind.

Die roten Ampelphasen nutzen
Vielleicht gelingt es Ihnen, auch wenn Sie in Eile sind, rote Ampelphasen als geschenkte Zeit zu betrachten, für die Sie dankbar (!) sind und in der Sie sich bewusst Aufmerksamkeit schenken. Sie können die Ampelphase sowieso nicht verändern, – wozu also die Aufregung? Sie sind in diesem Moment nur für sich da und sonst niemanden. Vielleicht nutzen Sie jede rote Ampelphase für eine Minientspannung.

Denken Sie an etwas Erfreuliches, atmen Sie tief durch oder gähnen Sie kräftig, das entspannt die Kiefer sowie den Nacken- und Kopfbereich.

Entspannende Musik hören

Nach einem anstrengenden Termin oder Arbeitstag schalten Sie nicht einfach das Autoradio ein und lassen sich berieseln, sondern steigern Sie Ihr Wohlbefinden, indem Sie ganz bewusst Ihre Lieblingsmusik hören. Vielleicht gibt es Musik, die Sie an besonders glückliche Momente erinnert. Für manche wirkt Barockmusik besonders entspannend, weil ihr Rhythmus dem des Herzens am nächsten kommt. Schon zu Bachs Zeiten war die wohltuende Wirkung von Musik bekannt. Bach schrieb seine Goldberg-Variationen zu »heilsamen Zwecken«. Goldberg, ein Schüler Bachs, hatte im Auftrag des Grafen von Keyserlingk diese Musik bestellt, um dessen Gemüt aufzuheitern.

Treppen steigen

Tun Sie während des Tages etwas für Ihren Kreislauf, Ihr Herz und Ihre Kondition. Vermeiden Sie Aufzüge und nutzen Sie bewusst jede Gelegenheit Treppen zu steigen.

Bewusst die Füße spüren und einen guten Stand haben
Bei dieser Übung spüren Sie ganz bewusst Ihre Füße. Dadurch wird Ihr Kopf entlastet und die Füße werden gut durchblutet. Wenn es Ihnen angenehm ist, stellen Sie sich vor, Sie seien wie ein starker Baum, der fest in der Erde verwurzelt ist. Das hilft auch in Situationen, in denen Sie besonders standfest sein möchten.

Die Innenflächen der Hände aneinander legen
Damit unterstützen Sie Ihre innere Balance, das Nervensystem wird beruhigt – z. B. bei Besprechungen, die von Ihnen über längere Zeit hohe Konzentration erfordern.

Die positive Wirkung dieser Vorschläge kann sich am besten entfalten, wenn Sie diese möglichst oft, am besten täglich, durchführen.

3.3 Energie schöpfen durch Mikrohandlungen

Ein weiteres bewährtes Mittel, dem Stress mitten im Alltag zu begegnen, sind die sog. Mikrohandlungen: Das sind Entspannungsübungen, mit denen Sie im Alltag Ihre Lebensgeister in wenigen Minuten wieder wecken können. Den Mikrohandlungen liegt der Gedanke zugrunde, dass wir viele sinnvolle Aktivität unterlassen, weil uns der »innere Schweinehund« daran hindert, das zu tun, was wir uns vorgenommen haben. Wie kann man das ändern, wo doch der »innere Schweinehund« bei jeder Veränderung aufjault und unsere Einsichten und guten Vorsätze höhnisch konterkariert? Von der erfolgreichen Personaltrainerin Vera Birkenbihl wissen wir, dass die Mikrohandlungen so kurz oder so fein gestrickt sind, dass wir den »inneren Schweinehund« überlisten können, ohne dass er es merkt.[12] Das heißt, innerer Widerstand baut sich erst gar nicht auf, mit dem wir sonst in einen inneren energiezehrenden Ringkampf eintreten. Und eines Tages sind dann die Mikrohandlungen zu einer wohltuenden Gewohnheit geworden.

Im Folgenden finden Sie einige Mikrohandlungen. Probieren Sie aus, welche Ihnen am meisten entsprechen.

Entspannen – durch Anspannen

Spannen Sie alle Muskeln Ihres Körpers an, in den Füßen, den Beinen, dem Gesäß, dem Rücken, dem Bauch, den Armen, den Händen, den Kiefern. Halten Sie diese Spannung einige Sekunden, dann atmen Sie bewusst aus, lassen die Spannung langsam los und spüren Ihren Körper.

Den Rücken entlasten

Setzen Sie sich bequem auf einen Stuhl, beugen Sie den Oberkörper nach vorn und lassen Sie Kopf und Arme hängen. Die Rückenmuskeln, die Bandscheiben entspannen sich.

Schultern und Nacken entspannen

Atmen Sie tief ein und ziehen Sie gleichzeitig Ihre Schultern hoch. Halten Sie diese Position etwa 7 Sekunden. Atmen Sie dann aus und lassen Sie dabei den Kopf und die Schultern leicht nach unten und vorn fallen.

Den Überblick behalten

Stellen Sie die Füße beckenbreit nebeneinander, lassen Sie die Arme seitlich am Körper etwa 30 bis 40 cm vor und zurück schwingen.

Wohlfühlen beim Räkeln

In Ihrer Vorstellung können Sie ein Vogel sein, der mit leichtem Flügelschlag hoch oben durch die Lüfte fliegt und das Leben aus einer anderen Perspektive betrachtet.

Kleine Kopfmassage
Massieren Sie mit den Fingerspitzen die Schläfen, die Stirn und die gesamte Kopfhaut.

Räkeln, Strecken und Gähnen
Räkeln und strecken Sie sich nach Herzenslust, wenn möglich, gähnen Sie dabei. Das entspannt den gesamten Körper.

Blitzentspannung
Setzen Sie sich aufrecht und bequem auf einen Stuhl. Schließen Sie die Augen und nehmen Sie wahr, wie es Ihnen gerade im Moment geht.

- Verschränken Sie die Hände hinter dem Kopf und pressen Sie beide kräftig gegeneinander. Halten Sie diese Position fünf bis zehn Sekunden und spüren Sie die Spannung im Nacken und in den Armen.
- Lösen Sie die Hände aus der Verschränkung und legen Sie sie locker auf die Oberschenkel. Vielleicht spüren Sie den Zustand der Erleichterung, wenn die Spannung nachlässt.

- Pressen Sie erneut die verschränkten Hände gegen den Hinterkopf, heben Sie gleichzeitig die Beine so hoch Sie können; ziehen Sie dabei die Zehenspitzen in Richtung des Körpers. Vermeiden Sie dabei ein Hohlkreuz durch Anspannung der Gesäßmuskeln. Halten Sie diese Position fünf bis zehn Sekunden.
- Lösen Sie die Anspannung auf und legen Sie die Hände locker auf die Oberschenkel. Sitzen Sie einfach nur da und spüren Sie Ihre Muskeln, Ihre Atmung und innere Verfassung.
- Pressen Sie wieder die verschränkten Hände gegen den Hinterkopf kräftig gegeneinander. Heben Sie wieder die Beine hoch und ziehen die Fußspitzen in Richtung Körper. Vermeiden Sie ein Hohlkreuz, indem Sie die Gesäßmuskeln anspannen. Nun pressen Sie auch noch die Augen und die Kiefer fest zusammen, so dass das ganze Gesicht vollkommen angespannt ist. Halten Sie die Anspannung fünf bis zehn Sekunden.
- Lösen Sie die Anspannung auf und legen Sie Ihre Hände locker auf die Oberschenkel. Beobachten Sie, welche Auswirkung das Loslassen der Anspannung auf Ihren Körper, Ihre Atmung und Ihr allgemeines Befinden hat.

Sie können diese Übung oder Teile daraus 1-3-mal wiederholen oder sie über den Tag verteilt mehrmals ausführen. Die Intensität der Entspannung spüren Sie, wenn Sie sie über mehrere Tage oder noch besser Wochen immer mal wieder ausführen. Sie können sich in den Entspannungsphasen etwas Schönes und Beruhigendes vorstellen, z. B. eine wunderbare Landschaft, das leise Plätschern der Wellen, die warme Sonne auf Ihrer Haut, das Schnurren Ihrer Katze, etc.

Gar nichts tun

Setzen Sie sich ein oder zwei Minuten hin und tun Sie gar nichts. Wenn möglich, schenken Sie Ihren Gedanken wenig Beachtung, lassen Sie sie durch Ihren Geist ziehen wie Wolken, die kommen und gehen.

Nichts Tun

Den Atem beobachten

Setzen Sie sich bequem hin und nehmen Sie sich 10 Minuten Zeit. Wenn es Ihnen angenehm ist, legen Sie dabei die Hände auf den Bauch und beobachten Sie, wie Sie ein- und ausatmen. Sie brauchen gar nichts zu tun, nur zu beobachten. Der Atem fließt von allein. Das Beobachten des Atems wirkt entspannend auf die Muskeln, die inneren Organe und das Nervensystem.

Der Atem ist unsere wichtigste Lebensenergie. Mit dem ersten Atemzug beginnen wir das Leben, mit dem letzten beenden wir es. Wir können längere Zeit ohne Trinken und Essen leben, doch keine 10 Minuten ohne zu atmen. Der Weltrekord im Luftanhalten liegt bei 8 Minuten.

Das Beobachten des Atems ist an keine bestimmten Zeiten oder Orte und auch nicht an Körperhaltungen gebunden. Wenn Sie nach einiger Übung die Atembeobachtung verinnerlicht haben, können Sie Ihr Wohlbefinden steigern, indem Sie immer mal wieder einige Sekunden oder Minuten Ihren Atem beobachten. Vielleicht achten Sie auf Ihren Atem, während Sie die »Tagesschau« sehen, im Kino sitzen oder sich einen Vortrag anhören.

Bauen Sie eine oder mehrere Mikrohandlungen immer wieder in Ihren Tagesablauf ein. In der Anfangsphase erinnern Sie sich an Ihren neuen Tagesrhythmus, indem Sie in Ihren Terminkalender auch die Pausen und Minipausen eintragen, z. B. nachdem Sie einen Mandanten verabschiedet haben. Auch in längeren streitigen Auseinandersetzungen haben Sie es i. d. R. in der Hand, eine Pause zu verlangen, in der Sie sich auf Ihre Art und Weise körperlich und mental entspannen können. Nach einiger Zeit haben Sie sich daran gewöhnt und führen diese Mikrohandlungen wie selbstverständlich mehrmals täglich aus. Ebenso wie beim Erlernen eines Instruments oder beim Konditionstraining führt erst das ständige Wiederholen zum Erfolg.

3.4 Körperübungen aus dem tibetischen Heilyoga

Körperlich aktiv sein, Sport treiben, auch mal ins Schwitzen kommen – dadurch werden die Muskeln, das Herz, der Kreislauf trainiert. Außerdem baut der Körper Stresshormone ab, wodurch u. a. Erschöpfungsdepressionen vorgebeugt wird. Welche Art von Sport für Sie am besten ist, können nur Sie und, falls notwendig, ein Sportarzt entscheiden. Jeder Arzt wird

Ihnen sagen, dass es Ihnen gut tut, wenn Sie nicht immer nur in Aktion sind, sondern auch mal zur Ruhe kommen und sich entspannen.

Allerdings heißt zur Ruhe kommen nicht unbedingt, sich vor den Fernseher zu setzen, was sicherlich auch mal entspannend ist. Heilsam und entspannend auf die inneren Organe, die Muskeln und das Nervensystem wirken vor allem Autogenes Training, Progressive Muskelentspannung nach Jacobson[13] und sanfte Körperübungen. Die Frage, ob zur Stressbewältigung eher Sport oder Entspannungsübungen geeignet sind, kann nicht allgemeingültig beantwortet werden. Wichtig ist, dass Sie auf jeden Fall eines tun. Optimal ist es, wenn Sie beides machen.

Im Weiteren finden Sie einige einfache Übungen, die Sie bitte recht langsam ausführen. Durch die Langsamkeit der Körperbewegungen beruhigen sich auch der Geist, die inneren Organe und das Nervensystem.

Körperenergien wecken[14]

Diese Übung entspannt die Wirbelsäule und die Rückenmuskulatur. Die Wirbelsäule ist der Hauptenergiekanal im Körper. Die Asiaten

sagen: Durch das Dehnen der Wirbelsäule beugen wir tausend Krankheiten vor.

Stellen Sie sich aufrecht hin, die Beine etwa beckenbreit nebeneinander. Die Füße zeigen nach vorn, die Knie sind entspannt und gerade, aber nicht durchgedrückt. Heben Sie die ausgestreckten Arme langsam vor sich hoch, bis sie senkrecht sind, die Handflächen zeigen nach vorn. Nun beugen Sie sich langsam von der Hüfte aus nach vorn und strecken dabei die Arme leicht vor. Dann beugen Sie sich langsam nach unten. Kopf, Arme und Rumpf bewegen sich zusammen. Entspannen Sie dabei die Nacken- und Rückenmuskulatur, lassen Sie den Kopf frei und locker nach unten hängen. Wenn Sie an dem tiefsten Punkt angekommen sind, bleiben Sie einige Augenblicke dort, atmen Sie tief aus und spüren Sie Ihren Körper.

Richten Sie sich dann langsam wieder auf, der Kopf wird dabei zwischen den Armen gehalten. Wenn Sie wieder aufrecht stehen, beugen Sie sich einige Augenblicke leicht und ohne Anstrengung mit gestreckten Armen nach hinten. Dann stehen Sie wieder aufrecht und lassen die Arme langsam nach unten sinken.

Körper und Geist in der Balance

Diese Übung entspannt insbesondere die Schultern und den Nacken.

Stellen Sie sich aufrecht hin, die Beine etwa beckenbreit nebeneinander. Die Füße zeigen nach vorn, die Knie sind entspannt und gerade, aber nicht durchgedrückt. Lassen Sie die Arme seitlich herabhängen. Ziehen Sie die Schultern so weit wie möglich nach hinten und drücken Sie die Schulterblätter zusammen. Halten Sie diese Position, atmen Sie noch einmal tief ein und ziehen Sie die Schultern noch ein wenig mehr nach hinten. Halten Sie die Schultern weiter nach hinten gedrückt und ziehen Sie sie nun auch nach oben.

Der Rücken, die Arme und die Schultern sind nun sehr angespannt. Entspannen Sie das Kinn und lassen Sie Hals und Nacken zwischen den Schultern ruhen. Halten Sie diese Stellung etwa ein bis drei Minuten.

Sehr langsam vermindern Sie nun die Spannung wieder. Lassen Sie die Schultern zuerst nach vorn und dann nach unten in die Ausgangslage sinken.

Energie tanken

Stellen Sie sich aufrecht hin, die Beine etwa beckenbreit nebeneinander. Die Füße zeigen nach vorn, die Knie sind entspannt und gerade, aber nicht durchgedrückt. Lassen Sie die Arme seitlich herabhängen. Dann heben Sie die Arme langsam vor sich hoch, bis sie senkrecht stehen. Die Handflächen zeigen nach vorn. Bleiben Sie fest auf beiden Beinen stehen und beugen Sie den Körper mit den gehobenen Armen beim Ausatmen langsam nach rechts. Lockern Sie die linke Seite wie einen Fächer und halten Sie diese Stellung einige Augenblicke. Richten Sie sich dann mit dem Einatmen wieder langsam auf und beugen Sie sich beim Ausatmen in die entgegengesetzte Richtung. Halten Sie auch diese Position einige Augenblicke und stellen Sie sich dann langsam wieder aufrecht hin.

Ebenso wie Sie Ihren Körper mit entsprechenden Übungen fit halten, stärken Sie durch mentales Training Ihr inneres Gleichgewicht. Auch hier gibt es verschiedene sich zum Teil ergänzende Möglichkeiten, die ich Ihnen im nächsten Kapitel vorstelle.

3.5 Mentales Training

Kaum einer zweifelt daran, dass die Chancen eines Sportlers zu siegen ausgesprochen gering sind, wenn er mental in einer schlechten Verfassung ist und nicht an sich und seinen Erfolg glaubt. Bei Anwältinnen und Anwälten gilt Gleiches: Der allgemeine berufliche Erfolg ist entscheidend von der mentalen Verfassung geprägt. Es ist wie ein Kreislauf: Gefühle und Gedanken beeinflussen sich wechselseitig.

Wer schon am frühen Morgen denkt, dass der Tag nur Schwierigkeiten bringt, wird wahrscheinlich das bekommen, was er sich vorgestellt hat. Oft haben wir Gedanken und Vorstellungen, ohne uns darüber wirklich im Klaren zu sein.

Nehmen Sie sich einen Augenblick Zeit, horchen Sie in sich hinein und geben Sie sich auf folgende Fragen ehrliche Antworten:

Was denken Sie über Ihre Arbeit? Wie fühlen Sie sich, wenn Sie an Ihre Arbeit denken? Oft sind diese Fragen gar nicht so einfach zu beantworten. Sich seiner eigenen Einstellungen, Gedanken und Gefühle bewusst zu sein, ist ein Prozess, der uns durch das Leben begleitet, wenn wir uns dafür öffnen. Ähnlich

wie beim Körpertraining erzielen wir auch im mentalen Training bessere Erfolge, wenn wir in Übung bleiben und uns langsam steigern. Zu Anfang können Sie beobachten: Was denken und fühlen Sie z. B. morgens, beim Aufstehen, beim Duschen, beim Gang in die Kanzlei, vor einer Verhandlung etc.? Sind Sie zuversichtlich oder?

Obwohl Ihnen der Zusammenhang zwischen Gedanken und Gefühlen klar sein mag, nehmen Sie sich etwas Zeit, diese Aussage noch einmal sinnlich zu erfahren und in Ihrem Alltagsbewusstsein zu verankern. Denken Sie an etwas Unangenehmes (z. B. die letzte unerfreuliche Bürobesprechung oder eine nervenzehrende Verhandlung mit einem unangenehmen Kollegen oder eine Unaufmerksamkeit, die zu einem peinlichen Fehler führte usw.). Spüren Sie, wie sich Ihr Körper, Ihr Kopf und Ihr Rücken anfühlen, wenn Sie an diese Situationen denken. Wie ist Ihre Atmung, Ihr Gesichtsausdruck, wenn Sie sich noch einmal in diese unangenehmen Situationen hineinversetzen?

Vielleicht können Sie am eigenen Leib erfahren, dass negative Gedanken Muskel- und Nervenanspannung und letztendlich Stress erzeugen. Und nun denken Sie einige Augenblicke an etwas Erfreuliches,

Erfreuliches

z. B. an ein schönes Erlebnis in der Liebe, an einen traumhaften Urlaub, an Ihre beruflichen Erfolge. Vielleicht können Sie mit allen Sinnen wahrnehmen, wie sich das auf Ihren Körper, auf Ihren Gesichtsausdruck, Ihre Stimmung, auf Ihren Gang und Ihre Körperhaltung auswirkt.

Wenn Sie also das mentale Training zu Ihrem Besten nutzen möchten, dann schenken Sie den Gedanken, mit denen Sie sich oder Ihre Arbeit herabwürdigen, keine Beachtung. Beherzigen Sie das alte Sprichwort: »Ärgere Dich nicht, dass der Rosenstrauch Dornen hat, sondern freue dich, dass der Dornenstrauch Rosen trägt. So kommst du dem Glück auf die Spur.«

Kein Anwalt glaubt, das Leben werde nur seinen Erwartungen entsprechend verlaufen. Aber im Hinterkopf schwingt oft die eine oder andere illusionäre Hoffnung mit, die Dinge müssten sich eigentlich so und nicht anders entwickeln. Wer das Leben realistisch betrachtet weiß, dass das Leben Brüche und Schattenseiten hat. Stress sieht er als eine positive Herausforderung an. Er übernimmt Verantwortung, indem er handelt und Möglichkeiten erprobt, mit dem Stress so umzugehen, dass er gesund und leistungsfähig bleibt.

Nutzen Sie das mentale Training zur Psychohygiene und zur Stärkung Ihrer inneren Balance. Schon eine alte chinesische Weisheit sagt: »Du kannst nicht verhindern, dass die Vögel der Besorgnis über Deinen Kopf fliegen. Aber Du kannst verhindern, dass sie sich in Deinem Kopf ein Nest bauen.«

Rechtsanwälte sind Interessenvertreter und stehen in der Regel unter dem Druck ihres Mandanten, dem irgend etwas in seinem Leben nicht so geglückt ist, wie er es wollte. Sie als Anwalt sollen nun das Maximum »herausholen« und oft genug erwartet der Mandant, dass Sie sich mit seinen Interessen identifizieren. Ist die Rechtslage ungünstig, sind Sie der Erste, der den Ärger und die Enttäuschung des Mandanten zu spüren bekommt. Der Mandant versucht so den Druck, unter dem er steht, gewissermaßen an Sie weiterzugeben und sich so zumindest teilweise zu entlasten. Wer stärkt in diesen Fällen Ihr Selbstwertgefühl?

Die wichtigste Person, die es stärkt, sind Sie selber. Was genau können Sie tun? Eigentlich genau das, was Sie auch sonst in Ihrem Beruf tun, – nur dass es jetzt für Sie in Ihrem Inneren geschieht, wenn Sie statt juristischer Ressourcen mentale aktivieren und trainieren! In Ihrer Vorstellung können Sie innere Bilder entwickeln, welche das seelische Wohlbefinden und das Selbstwertgefühl[15] in Stresssituationen stärken.

Dazu vergegenwärtigen Sie sich einen Raum, in dem Sie sich wohlfühlen, z. B. Ihr Schlafzimmer oder Ihr Lieblingsrestaurant. Lassen Sie vor Ihrem geistigen Auge die Einzelheiten entstehen, die in diesem Raum vorhanden sind: Gerüche, Geräusche, Farben. Malen Sie sich alles so intensiv wie möglich aus.

Mit der Wirkung der Imagination ist es ähnlich wie beim Aufbau von Muskeln oder dem Erlernen eines Instruments: Durch ständiges Üben kommen Sie zum Erfolg. Dabei ist es wichtig, alle Sinne einzusetzen. Wenn Sie z. B. imaginieren wollen, wie Sie während einer Gerichtsverhandlung wie ein unerschütterlicher Berg stehen, dann denken Sie nicht nur, Sie seien ein Berg, sondern SEIEN Sie der Berg! Fühlen Sie, wie Sie kraftvoll und ruhig da stehen, spüren Sie den Regen, den Schnee, die Sonne auf Ihrer Oberfläche, die Kälte des Eises, das ihre Gipfel bedeckt, hören Sie den pfeifenden Wind und den Gesang der Vögel, riechen Sie auch die frische Bergluft. Nutzen Sie dieses Bild z. B. in einer schwierigen Verhandlung, indem Sie sich bereits davor in dieses Bild hineinversetzt haben und sich durch dieses

mentale Training in einem Zustand innerer Ruhe befinden.

Mit der Zeit können Sie Ihre Vorstellungskraft in der jeweiligen Situation einsetzen und zu Ihrer inneren Unterstützung nutzen.

Eine weitere Möglichkeit, Ihre innere Balance zu stärken ist, sich immer wieder bewusst zu machen, was Ihnen an Ihrem Beruf gefällt. Vielleicht stimmen Sie einigen Aussagen in der Liste zu.

Sie empfinden Ihren Beruf als:

- Abwechslungsreich
- Herausforderung
- Hilfreich für andere Menschen
- Sinnvoll

Er ermöglicht:

- Ein hohes Maß an Selbstbestimmtheit
- Gestaltungsspielräume
- Politische Einflussmöglichkeiten
- Teamarbeit
- Den Kontakt mit netten Kollegen
- Ein gutes Einkommen

Die Befriedigung, die aus einer entspannten Einstellung zur Arbeit und letztendlich einer guten Arbeit erwächst, erlaubt es uns, unser

Tun immer wieder aus der Vogelperspektive oder der professionellen Distanz zu betrachten. Diese Einsicht ist wichtig und soll im nächsten Kapitel weiterverfolgt werden, damit wir nicht in unserer Arbeit ertrinken oder mit blindem Aktionismus agieren.

3.6 Professionelle Distanz wahren

Es ehrt Sie, wenn Sie Ihren Beruf mit viel Engagement und Herzblut ausüben und einen guten Kontakt zu Ihren Mandanten haben. Viele Rechtsuchende sind stark emotional belastet, sie suchen nicht nur Ihren rechtlichen Beistand, sondern verständlicherweise auch emotionale Unterstützung. Gerade dann ist es wichtig, dass Sie ihnen mit Empathie begegnen, ohne ihr Leid zu Ihrem eigenen zu machen und dadurch zu sehr in den Fall verstrickt werden. Deshalb ist es wichtig, die professionelle Distanz zu wahren, die im Kern Ihrem Selbstschutz dient und Sie davor schützt, von der Arbeit insgesamt oder von bestimmten Mandanten »aufgefressen« oder »ausgelaugt« zu werden. Woran erkennen Sie, dass Sie die professionelle Distanz verloren haben?

Wenn Sie ständig über Kollegen, Verhandlungspartner und Mandanten nachdenken und grübeln müssen, selbst in der Freizeit, im Konzert und sogar beim Einschlafen, dann ist dies ein deutliches Zeichen, dass Sie auf dem besten Wege sind, Ihre professionelle Distanz zu verlieren. Es ist dann an der Zeit, dass Sie, sobald die entsprechenden Gedanken hochkommen, innerlich STOPP sagen; denn ständiges Grübeln ist ein Energiefresser. Es beschäftigt unseren Geist, ohne dass am Ende Erfolgserlebnisse zu verzeichnen sind.

Schreiben Sie den Inhalt Ihrer Grübeleien auf. Nehmen Sie sich Zeit und beschreiben Sie so genau wie möglich, wie Ihre Kollegen, Mandanten, Verhandlungspartner sein sollen, damit sie keinen Stress bei Ihnen auslösen. Das Aufschreiben dauert zwar ein paar Minuten, doch diese Zeit ist gut investiert; denn durch das Schreiben ordnen sich Ihre Gedanken, und das hilft Ihnen in Zukunft, das Verhältnis zu diesen Menschen klarer zu gestalten.

Mein Gegenüber müsste so sein: er oder sie sollte ...

■

■

■

■

■

■

■

Wie schätzen Sie Ihre Erfolgschancen ein, dass sich die Person, mit der Sie Schwierigkeiten haben, sich so verändert, wie Sie es wünschen? Oft wird uns erst durch das Aufschreiben deutlich, wie unrealistisch unsere Erwartungen sind.

Bei Lichte besehen wissen wir eigentlich, dass wir den anderen nicht ändern können. Trotzdem neigen wir immer wieder dazu, diese Realität zu leugnen. Wenn Sie sich also beim

Grübeln erwischen, dann gehen Sie daran, sich davon zu befreien. Sagen Sie innerlich – gegebenenfalls 100 mal am Tag – STOPP! Werfen Sie diese energiefressenden Gedanken und Gefühle raus wie einen ungebetenen Gast oder wie einen Mandanten, der nicht zahlen will und Ihnen Zeit und Energie stiehlt.

Möchten Sie Ihre professionelle Distanz wieder gewinnen, dann unterbrechen Sie Ihre Arbeit und legen Sie zum Selbstschutz eine aufbauende Pause ein. Oft ist der Verlust der professionellen Distanz mit einer verengten Weltsicht (Tunnelblick) verbunden. Um diese zu weiten, öffnen Sie während Ihrer aufbauenden Pause alle Sinnesorgane und nehmen Sie wahr, was in Ihnen und in Ihrer Umwelt geschieht. Machen Sie einen längeren Spaziergang, sehen Sie die Farben der Natur, hören Sie die Geräusche, riechen Sie die Düfte. Oder gehen Sie in die Sauna, spüren Sie den Schweiß, die Hitze, das Wasser auf ihrer Haut. Oder erleben sie ein Entspannungswochenende oder schmecken Sie gute Speisen oder Wein auf Ihrer Zunge, usw.

Wenn Sie wenig Zeit haben und unter Handlungsdruck stehen, betrachten Sie schwierige Situationen aus der Vogelperspektive oder von einer Bergspitze aus.

Vogelperspektive

Das unterstützt Sie, Übersicht zu behalten, der innere Druck nimmt ab.

In Krisensituationen hilft es, sich folgende Fragen zu stellen und evtl. schriftlich zu beantworten:

Was genau ist im Moment so schlimm?
Was ängstigt mich?
Was könnte schlimmstenfalls passieren?
Wie wahrscheinlich ist das?
Was kann ich jetzt tun?

Vielleicht hilft es Ihnen auch, wenn Sie sich einen Film über Ihre Zukunft vorstellen, indem Sie ein Mandat im Gesamtzusammenhang Ihres Lebens sehen: Welche Bedeutung wird dieses Mandat in 6 Monaten, in einem Jahr, in fünf oder zwanzig Jahren für Sie haben? Diese Ausweitung des zeitlichen Rahmens unterstützt Ihre professionelle Distanz und bewahrt Sie vor all zu engen Verstrickungen in Ihre jetzigen Probleme.

Mike Markkula von Apple Computer hat eine erfolgreiche Strategie entwickelt, um von der Arbeit abzuschalten. »Sobald ich das Firmengelände verlasse, um nach Hause zu fahren, fange ich an zu überlegen, was zu Hause wichtig ist. Das ist nicht einfach, weil sich dieser ganze Kram von der Arbeit dazwischendrängt. Aber wenn man sich auf dem Heimweg eine halbe Stunde auf die Familie einschwingt, dann fragt man schon im Augenblick des Hereinkommens die Frau oder das Kind: Du hast doch heute X oder Y vorgehabt, wie ist es denn gelaufen? Und dann interessiert einen das wirklich, weil man in diese andere Welt zurückgekehrt ist!«[16]

Das Einhalten der professionellen Distanz lernt der Anwalt nicht in der Ausbildung, sondern erst in der Praxis. Auch ein »alter Hase« wird immer noch von Situationen überrascht, in denen er sich emotional mehr einbringt als ihm und seinem Mandanten gut tut. Wahren Sie aber Ihre professionelle Distanz, so gelingt es Ihnen in der Regel leichter, »beliebte« Strategien und Mechanismen von Kollegen zu durchschauen, die diese anwenden, um Sie zur Weißglut zu bringen, wie Verzögerungs- und Verschleppungstaktik. Ohne dass Sie es nachweisen können, verhält sich Ihr Gegner unfair, spielt mit gezinkten Karten, entschuldigt sich formell und hat doch alles so eingefädelt, dass von Versehen gar keine Rede sein kann.

Der Ton und die Umgangsformen in der Anwaltschaft sind rauer geworden, sagen ältere Anwälte. Starke Konkurrenz schafft wirtschaft-

liche Ängste. Da wird es nicht in allen Fällen gelingen, in solchen Situationen ruhig und gelassen zu bleiben. Manchmal mag es angebracht sein, mit klaren Worten und emotionaler Entschlossenheit diesen Machenschaften Grenzen zu setzen, ohne sie persönlich zu nehmen.

Der Psychologe Mihaly Csikszentmihalyi erforschte viele Jahre das Geheimnis des Glücks am Arbeitsplatz. Er zeigt auf, dass wir das Glück nicht finden, wenn wir uns ständig mit anderen vergleichen oder danach streben, unfehlbar zu sein. Seine Forschungsergebnisse lassen sich in dem schlichten Satz zusammenfassen: Was wirklich glücklich macht ist, sich der eigenen Arbeit gewachsen zu fühlen, sie richtig gut zu tun, sie als eine positive Herausforderung zu erleben und zu bewältigen. Csikszentmihalyi bezeichnet diesen Zustand als Flow.

Im nächsten Kapitel befassen wir uns mit den privaten und beruflichen Beziehungen, die uns in Stress bringen oder die wir als Kraftquellen erleben können.

3.7 Rückhalt in privaten und beruflichen Beziehungen und durch Supervision

Ein einsamer Workaholic, der nur noch seine Arbeit liebt und keinen emotionalen und zeitlichen Raum für private Beziehungen lässt, lebt gefährlich. Zwar ist der Workaholismus die einzige Sucht in unserer Gesellschaft, auf die viele stolz sind, dennoch zerstört sie die sozialen Beziehungen und die Gesundheit des Einzelnen. Oft leiden auch die Ehepartner und Kinder unter dieser Sucht, weil der Workaholic keine Zeit und Kraft für persönliche Zuwendung, gute Gespräche, Zärtlichkeiten und Geborgenheit hat. Nicht selten wird Liebe durch Geld kompensiert. Gute menschliche Beziehungen sind wie Medizin, die man jedoch nicht für Geld kaufen kann. Enge menschliche Beziehungsnetze lassen den Einzelnen nicht so schnell durch die Maschen fallen.

Die heilsame Wirkung von guten Kontakten bestätigen auch Forschungen in dem kleinen Fischerdorf Bremnes in Norwegen. Die Menschen dort wurden ungewöhnlich alt, blieben gesund und bildeten eine Gemeinschaft. Kriminalität gab es so gut wie gar nicht. Sozialforscher, die diesem Glück auf die Spur kommen wollten, waren zunächst fasziniert von folgendem Bild: Als die Fischer abends gemeinsam vom Fang heimkehrten und miteinander die schweren Netze zum Trocknen im Hafen aufhängten, die Netze so im Wind schaukelten und man die Knoten und Schnüre sehen konnte, war das Erklärungsbild für das gute Funktionieren dieser Gemeinschaft gefunden: das soziale Netz. Menschen stellen die Knoten dar, und ihre Kontakte sind durch die vielen Schnüre des Netzes gekennzeichnet.

Wie viele Menschen jemand braucht, um sich Trost holen zu können oder sich aufmuntern oder verwöhnen zu lassen, kann selbst die »Wohlfühlverordnung« nicht verbindlich sagen. Aber dass ein Mensch ohne Freunde, Liebste, Vertraute, Mann, Frau und andere (z. B. Haustiere) körperlich oder seelisch eher krank wird, ist klar. Viele krankhafte Stressfolgen sowie Suchtprobleme haben hier ihre Ursache. Es fehlt der Zuhörer nach dem harten Arbeitstag. Von Anwälten erwarten die Mandanten, dass sie sich ständig durchsetzen und der Gegenseite etwas abringen. Dieser fortwährende Kampf, der noch dazu einzeln ausgefochten wird, ist anstrengend, macht müde und laugt aus. Mit zunehmender Berufs- und Lebenserfahrung wenden manche Anwältinnen und Anwälte weniger konfrontative Strategien an. Doch dadurch steigern sie nicht unbedingt ihre berufliche Zufriedenheit. Vielmehr entwickeln sie oft Zweifel und fragen sich, ob sie für die Mandanten nicht mehr erreicht hätten, wenn sie, ihrem Berufsbild entsprechend, kämpferischer aufgetreten wären. Dieses Spannungsfeld zwischen dem »Kämpfen müssen« und dem »Nicht-mehr-kämpfen-wollen« erzeugt wiederum Stress.

In solchen Situationen beruflicher Ambivalenz sind vertrauensvolle Beziehungen, in denen Sie einfach nur Mensch sein dürfen und sich nichts beweisen müssen, ein wichtiger Ausgleich. Beziehungen, in denen Sie das Vertrauen haben, nicht wegen Ihrer beruflichen Erfolge, Ihrer Titel oder Ihres Geldes anerkannt zu werden, sondern einfach nur gemocht oder geliebt zu werden. Soziale Netze entwickeln sich allerdings nicht von allein, sie wollen gepflegt werden. Manchmal muss man sich einen inneren Schubs geben und Freunde und Bekannte wieder anrufen oder einladen.

In guten privaten Verbindungen wie Familien, engen Partnerschaften oder Freundschaften fühlen wir uns sicher und geborgen. Mit Beziehungen ist es so wie mit den Blumen in einem Garten: Sie brauchen Pflege, sonst blühen sie nicht so üppig oder vertrocknen gar. Dies kann insbesondere dann geschehen, wenn wir uns keine Zeit für private Gespräche neh-

men. Der Paartherapeut Michael Lukas Moeller bedauert: »Ein verheiratetes Paar in den USA bringt täglich nur noch vier Minuten für ein gemeinsames Gespräch auf. Es dürfte bei uns nicht viel anders sein.«[17] In vielen Ehen dreht sich der Gesprächsstoff in erster Linie um Organisatorisches, z. B.: Wer holt das Mineralwasser? Wer bringt die Wäsche zur Reinigung oder besorgt die Theaterkarten?

Es findet also kein oder nur wenig Austausch über das statt, was Mann oder Frau in den tieferen Schichten des Daseins bewegt und dadurch wird die Beziehung auf die Dauer oberflächlich. Als Ausweg aus diesem Dilemma schlägt Moeller den Paaren Zwiegespräche vor, die er in seinem Buch: »Die Wahrheit beginnt zu zweit« beschreibt. In den Zwiegesprächen berichten die Partner über ihre Gefühle und persönlichen Prozesse, z. B. »Ich mache mir Sorgen, dass .... Ich fühle mich verletzt .... Ich habe Angst .... Ich wünsche mir .... Ich habe Sehnsucht ....« Wichtige Gesprächsregeln dabei sind, dass jeder Partner über sich redet und der andere Partner zuhört, er darf das Gesagte des anderen weder bewerten noch kommentieren und keine Ratschläge geben. Der Erzählende sagt nur das, was er mitteilen möchte. Bohrendes Nachfragen ist verboten, nur Verständnisfragen sind erlaubt. Beide Partner dürfen jedoch mitteilen, was das vom anderen Gesagte in ihnen ausgelöst hat. Durch diesen offenen Austausch der Gefühle wächst das gegenseitige Verständnis und Stress wird abgebaut. In der Regel gilt, dass ein Zwiegespräch einmal wöchentlich durchgeführt wird und ca. 90 Minuten dauert.

Weitere Knoten im Netzwerk der Beziehungen sind die Menschen, mit denen Sie durch Arbeitszusammenhänge verbunden sind, wie Kollegen und Mitarbeiter aus der Kanzlei. Gutes Zeitmanagement, die Fähigkeit zu delegieren, und die richtige Arbeitsorganisation unterstützen uns, das Leben besser in den Griff zu bekommen. Innere Ausgeglichenheit erreichen wir jedoch am besten, wenn wir unsere Kontakte pflegen.[18] Ein schlechtes Betriebsklima, in dem die Arbeitsbeziehungen durch Mobbing, mangelnde Kooperation und gnadenlose Konkurrenz bestimmt sind, hemmt nicht nur die Arbeitseffektivität, sondern erzeugt Stress und kann letztendlich krank machen. Durch den Teamgeist in der Kanzlei und befreundete Kollegen können Sie manche berufliche Herausforderung oder Krise besser meistern.

Wie können Sie ein angenehmes Betriebsklima schaffen?

Betriebsklima

Nicht dadurch, dass Sie einfach abwarten, sondern durch offene Gespräche und eine angemessene Konfliktkultur, durch Mediation, manchmal auch durch personellen Wechsel. Wenn Sie allein nicht weiter kommen, holen Sie sich professionelle Hilfe. Menschliche Beziehungen sind mindestens so kompliziert wie Motoren von Autos. Und wenn die nicht laufen, kommt kaum einer auf die Idee, sie selbst zu reparieren. Das will so manchem Anwalt, der ja beruflich grundsätzlich recht haben und sich und sein Metier im Griff haben »muss«, nicht so recht in den Kopf. Ist es wirklich eine Zumutung für seine Kompetenz, wenn er auf einmal fremde Hilfe in eigener Sache in Anspruch nimmt? Die Zahl der seriösen Anwälte, die Organisationsberatung anbieten, steigt[19], und es ist ein gutes Zeichen, dass dieses Beratungsangebot mittlerweile nicht als Zumutung, sondern als Fortschritt angesehen wird.

Vergleichen wir den Anwaltsberuf mit anderen helfenden Einzelkämpferberufen, wie z. B. Sozialarbeitern, Psychologen, Ärzten, so stellen wir fest, dass sie ihre beruflichen Probleme ebenfalls oft nicht allein bewältigen, sondern sich zunehmend Unterstützung holen. Supervision gehört immer häufiger zum professionellen Standard dieser Berufsgruppen.

Um ihre Kassenzulassung zu behalten, sind Psychotherapeuten sogar verpflichtet, regelmäßig zu Fortbildungen und zur Supervision zu gehen. Auch für Sozialarbeiter in den Jugendämtern und Pflegeteams in Krankenhäusern gehört Supervision zunehmend zum professionellen Standard. Das Ziel jeder Gruppensupervision ist es, sich von der Last des Einzelkämpfertums in den helfenden Berufen zu befreien und die individuelle Arbeit in der Gruppe zu reflektieren.

Dies kann auf verschiedene Weise erfolgen. In einigen Praxen und Kliniken treffen sich die Kolleginnen und Kollegen in bestimmten Abständen zur kollegialen Supervison (Intervision). Es werden Fälle diskutiert und Lösungen gefunden. Häufig kommt ein Supervisor von außen, aufgrund seiner Ausbildung und Erfahrung übernimmt er die Leitungsfunktion. Möglich ist auch Einzelsupervision.

So professionell und institutionalisiert ist Supervision bei deutschen Anwälten und Anwältinnen noch nicht. Dennoch gibt es zunehmend ausgebildete Supervisorinnen und Supervisoren. Die Teilnahme an einer Supervision kann ausgesprochen entlastend wirken. Sie finden fachliche und emotionale Unterstützung, mehr Sicherheit in Ihrer beruflichen

Rolle und befreien Ihr Privatleben von beruflichen Sorgen.

Nun geht es um einen besonders angenehmen Bestandteil der Stressbewältigung: um das Genießen.

3.8 Genießen: Wer nicht genießt, wird ungenießbar

Auch wenn wir gern arbeiten und uns dabei glücklich fühlen, brauchen wir Phasen, in denen wir die Arbeit ruhen lassen, schöpferische Pausen machen und ganz bewusst genießen. Wer mehr oder weniger ununterbrochen arbeitet und sich keine Zeit zum Genießen gönnt, steht im Dauerstress. Das kann dazu führen, dass sie oder er eines Tages nur noch die Grundbedürfnisse wie Essen und Schlafen spürt, die Lust am Leben und die Erotik aber verdorrt.

Wer das Leben genießt, steigert seine Lebensfreude, baut Stress ab und erhält neue Schaffenskraft.

Genuß in der Waage

Schenken Sie sich gerade jetzt einen Augenblick und rufen Sie in Ihrer Erinnerung wach, was Sie in den letzen Stunden, Tagen, Jahren oder in Ihrer Jugend besonders genossen haben.

Paradoxerweise neigen wir dazu, uns Genuss und Entspannung gerade dann zu versagen, wenn wir sie besonders nötig haben: Nämlich in den Lebensphasen, in denen wir besonders belastet sind. Als Ausrede dafür, sich nichts zu gönnen, werden gern die beruflichen »Sachzwänge« bemüht. Ob wir Zeit zum Genießen finden, hängt jedoch nicht nur von organisatorischen Fragen, sondern auch von unserer inneren Einstellung ab.

Wie stehen Sie zum Genießen? Wenn Ihnen das Genießen Schwierigkeiten macht, beantworten Sie folgende Fragen:

- Sind Sie in einer Familie aufgewachsen, in der Genießen erlaubt war?
- Konnten Ihre Mutter oder Ihr Vater genießen?
- Überlassen Sie das Genießen dem Zufall?
- Oder nehmen Sie sich bewusst Zeit dazu?
- Verschieben Sie es auf den Urlaub oder das Ende der Berufstätigkeit?

- Nehmen Sie sich Zeit für sich und Ihre engsten Beziehungen?

Sie könnten das Genießen auch mit einem Bankkonto vergleichen: Genuss ist dabei die Habenseite, Stress die Sollseite.

- Wie steht es mit Ihrem »Guthaben«?
- Ist Ihr »Genusskonto« ausgeglichen?
- Oder steht es in den roten Zahlen?

Was die eine oder der andere genießt, ist höchst individuell. Die folgende Auflistung ist also nur eine Anregung für mögliche Genussquellen. Schätzen Sie selber ein, ob Sie so gut wie nie, nur selten oder oft genießen.

Wie häufig?	nie	selten	manchmal	oft
gönnen Sie sich einen ruhigen Abend	☐	☐	☐	☐
gönnen Sie sich ein entspanntes Wochenende	☐	☐	☐	☐
unternehmen Sie etwas mit Ihren engsten Bezugspersonen/Freunden	☐	☐	☐	☐
gehen Sie in die Natur	☐	☐	☐	☐
gehen Sie ins Konzert	☐	☐	☐	☐
gehen Sie ins Kino	☐	☐	☐	☐
gehen Sie ins Museum	☐	☐	☐	☐
gehen Sie privat essen	☐	☐	☐	☐
gehen Sie in die Sauna	☐	☐	☐	☐
treiben Sie Sport	☐	☐	☐	☐
faulenzen Sie genüsslich	☐	☐	☐	☐
lesen Sie Bücher oder Zeitschriften, die nichts mit dem Beruf zu tun haben	☐	☐	☐	☐
tauschen Sie Zärtlichkeiten aus	☐	☐	☐	☐
verreisen Sie privat	☐	☐	☐	☐
gehen Sie tanzen	☐	☐	☐	☐
haben Sie Sex	☐	☐	☐	☐
gehen sie einem Hobby nach	☐	☐	☐	☐
haben Sie Gäste	☐	☐	☐	☐
machen Sie Musik	☐	☐	☐	☐
	☐	☐	☐	☐
	☐	☐	☐	☐
	☐	☐	☐	☐
	☐	☐	☐	☐
	☐	☐	☐	☐
	☐	☐	☐	☐
	☐	☐	☐	☐
	☐	☐	☐	☐
	☐	☐	☐	☐

(Platz für Ihre ganz individuellen Genüsse)

Was können Sie tun, um wieder mehr zu genießen? Jeden Abend ausschließlich vor dem Fernseher »abzuschlaffen«, ist auf Dauer keine befriedigende Lösung. Als Alternative bietet sich an, die Verantwortung für die Verwendung Ihrer Zeit zu übernehmen. Forsten Sie Ihren Terminkalender durch und horchen Sie in sich hinein: Müssen oder möchten Sie tatsächlich jeden Termin wahrnehmen? Oder ist es für Sie vielleicht ein größerer Genuss, wenn Sie bestimmte Termine absagen, um sich Zeit für sich selber zu gönnen? Erinnern Sie sich dabei an einen Moment, der Ihnen sicherlich schon einmal untergekommen ist: Als z. B. ein Termin plötzlich aufgehoben wurde und Sie auf einmal einen halben Vormittag »frei« hatten. War das nicht ein schönes Gefühl, – ein Genuss par excellence? Und nun machen Sie das auch in eigener Regie. Belohnen Sie sich nach schwierigen Verhandlungen oder längeren Diktaten mit einem kleinen Spaziergang oder dem Genuss, nach dem Ihnen gerade zumute ist. Rechtsanwalt Grönheit verrät ein von mehreren Kollegen erprobtes »Anti-Stress-Rezept«. Er geht auf dem Weg zur Sprechstunde auch schon mal einen Umweg durch den Park oder er kehrt noch für ein Viertelstündchen in ein Café ein, um etwas zu trinken und durchzuatmen.[20]

Überlassen Sie das Genießen nicht dem Zufall. Planen Sie zu Beginn des Jahres nicht nur Ihren Urlaub, sondern reservieren Sie auch Tage und Wochenenden, an denen Sie nach Herzenslust faulenzen, kuscheln oder Ihrem Hobby nachgehen. Kultivieren Sie auch die kleinen Genüsse im Alltag. Manchmal erfordert das nur Minuten oder gar keine zusätzliche Zeit, sondern nur das Öffnen der Sinne. Genießen Sie z. B. morgens das warme Wasser der Dusche auf Ihrer Haut. Genießen Sie ganz bewusst das Frühstück oder während des Tages eine Tasse Tee oder Kaffee.[21] Verwöhnen Sie sich mit gesunder Nahrung.[22]

Die Bedürfnisse, das Leben zu genießen, sind bei jedem Menschen anders. Schreiben Sie genüsslich auf, was Sie genießen oder vielleicht vor vielen Jahren genossen haben und wieder in Ihr Leben einführen möchten.

Was genießen Sie wann, mit wem oder möchten Sie in Zukunft genießen?

Gehören Sie zu den Menschen, die zwar eine große Sehnsucht danach haben, aber trotzdem nicht zum Genießen kommen, dann stellen Sie sich selbst die Frage: Welche Personen oder welche Umstände hindern mich am Genuss? Damit Sie sich nicht im Anonymen und Schicksalhaften verlieren, schreiben Sie es auf und nennen Sie Ross und Reiter beim Namen.

Die Antworten für Ihren ganz persönlichen Weg zu mehr Genuss, Lebensfreude und Wohlbefinden finden Sie nicht nur im Kopf, sondern auch in Ihrem Herzen, durch Ihre emotionale Intelligenz.

Vielleicht regt Sie das folgende Gedicht an, die passenden Antworten zu finden.

Man muss Geduld haben
gegen das Ungelöste im Herzen,
und versuchen,
die Fragen selber lieb zu haben,
wie verschlossene Stuben,
wie Bücher, die in einer sehr fremden Sprache
geschrieben sind.

Wenn man die Fragen lebt,
lebt man vielleicht allmählich
ohne es zu merken,
eines Tages in die Antworten hinein.[23]

4. Prioritäten setzen und Ziele definieren

Wenn Sie den Stress tatsächlich meistern wollen, dann können Sie nicht alles beim Alten lassen. Es ist wie beim Umbau eines Hauses. Wenn Sie es erneuern und verschönern wollen, sind Umbauarbeiten nötig. Vielleicht sind Fenster und Türen neu einzusetzen, damit mehr Licht in das Haus fällt. Damit Sie nicht frieren, müssen vielleicht neue Heizkörper installiert werden. Um mehr Raum zu haben, werden manchmal ganze Wände eingerissen. Auch Sie machen einen Prozess durch, in dem Sie die eine oder andere »Umbaumaßnahme« vornehmen. Der »erste Spatenstich« beginnt damit, dass Sie sich Ihr Leben als eine Wegstrecke vorstellen. Männer haben durchschnittlich einen Lebensweg von 83 Jahren, Frauen leben durchschnittlich zwei Jahre länger, also 85 Jahre.

Niemand weiß, wann sein Lebensweg endet. Dennoch tragen Sie bitte unten ein, wie viel Ihrer Lebenszeit bereits hinter Ihnen liegt.

1 Jahr ▬▬▬▬▬▬▬▬▬▬ 85 Jahre

Manchmal ist es höchste Zeit, die Umbauarbeiten vorzunehmen und die Prioritäten des Lebens noch einmal bewusst zu überdenken. Haben Sie Ihre bisherige Lebenszeit in Ihrem Sinne genutzt?

Indem Sie Prioritäten setzen, schaffen Sie sich Ihren roten Faden des Lebens.

Vielleicht hilft es Ihnen, wenn Sie die unten aufgelisteten Prioritäten nach Ihrer ganz persönlichen Wichtigkeit nummerieren. Nehmen Sie sich dazu genügend Zeit, es kann Tage dauern. Die erste Priorität erhält die Nummer eins, usw.

Meine Prioritäten sind:
☐ Eine berufliche Spitzenposition zu erreichen
☐ Viel Geld zu verdienen
☐ Ein tolles Auto zu besitzen
☐ Einen Titel zu erwerben
☐ Beziehungen zu meinen Kindern
☐ Beziehung zu Ehepartner, -partnerin
☐ Beziehungen zu Freunden und Freundinnen
☐ Beziehung zu meinen Eltern
☐ Beziehungen zu Berufskollegen
☐ Die Gesundheitsvorsorge
☐ Ein Hobby

- ☐ Vereinsleben
- ☐ Sport zu treiben
- ☐ Viel in der Natur zu sein
- ☐ Mein Garten
- ☐ Mein Haustier
- ☐ Meine äußere Erscheinung
- ☐ Reisen
- ☐ Mein Haus/meine Wohnung
- ☐ Ein Buch zu schreiben
- ☐ Glücklich zu sein

Vermutlich haben Sie noch weitere Prioritäten. Hier ist Platz, sie aufzuschreiben:

Ja, was denn nun?

Wenn Sie Ihre Prioritäten gefunden haben, ist es sinnvoll, sich Ziele zu setzen; denn wer keine Ziele hat, kann auch keine erreichen. Nehmen Sie einmal an, Sie sind ehrgeizig. Sie wollen beruflich erfolgreich sein, haben jedoch nur vage Vorstellungen, was dieser Erfolg ist und woran Sie erkennen können, dass Sie Ihr Erfolgsziel erreicht haben. Dann kann Sie das sehr unter Druck und in Stress bringen; denn Sie tragen zwar die gesamte Belastung, empfinden aber nichts von der Befriedigung einer vollbrachten Leistung. Sie bekommen mehr Befriedigung in Ihrer Arbeit und stoppen einen unkontrollierbaren Ehrgeiz, wenn Sie Ihre beruflichen Wertvorstellungen und Ziele möglichst konkret definieren, z. B. genau beschreiben, woran Sie Ihren beruflichen Erfolg erkennen können. Beispielsweise könnten Sie sagen: Ich bin erfolgreich, wenn ich meinen Gewinn um X steigere. Oder ich bin erfolgreich, wenn ich meinen Gewinn halte und gleichzeitig pro Woche X Stunden weniger arbeite und diese Zeit für private Vorhaben nutze.

Das Erreichen von Zielen scheitert oft daran, dass wir sie zu hoch stecken. Damit setzen wir uns unter Druck und haben weniger Erfolgserlebnisse. Beginnen Sie lieber mit kleinen Schritten. Wenn Sie also bisher nie Sport getrieben haben, überfordern Sie sich mit

Sicherheit, wenn Sie sich vornehmen, täglich eine Stunde Sport zu treiben. Erfolgversprechender ist die Einstellung: Ich treibe mindestens ein mal in der Woche mindestens 30 Minuten Sport. Durch das Wort mindestens ist ja jede Steigerung möglich. Setzen Sie sich nur Ziele, die Sie erreichen können. In diesem Sinne ist das Ziel: Ich treibe Sport mit meiner Frau ungeeignet.

Sie erreichen Ihre Ziele auch eher, wenn Sie diese positiv formulieren: »Ich trinke mehr Mineralwasser« statt: »Ich will keinen Kaffee mehr trinken.« Das Ziel »Ich baue meinen Stress durch Sport ab«, ist eine sehr unspezifische Aussage. Formulieren Sie Ziele, die ein Außenstehender nachvollziehen kann, indem Sie so konkret wie möglich beschreiben, was Sie erreichen oder tun wollen. Also: »Ich werde täglich fünf Minuten gar nichts tun« oder »Einmal im Monat ins Konzert oder Theater gehen.« Nach diesem Beispiel nehmen Sie sich Zeit und beschreiben Sie Ziele, die Sie erreichen möchten. Erinnern Sie sich:

1. Ziele haben eine erreichbare Größenordnung.
2. Ziele sind konkret formuliert.
3. Ziele sind durch Sie allein zu erreichen.
4. Ziele sind positiv formuliert.

Meine Ziele sind:

Manche der Ziele können Sie nur erreichen, wenn Sie Ihre Gewohnheiten verändern. Beispiele für solche Gewohnheiten sind: Ständig zu spät kommen, nur unter Druck arbeiten, zu viel Alkohol trinken, sich ungesund ernähren, zu lange fernsehen, zu viel arbeiten, etc. Nehmen wir einmal an, Sie ver-

bringen fast jeden Abend und auch das Wochenende im Büro. Nun setzen Sie sich das Ziel, einmal in der Woche Freunde zu treffen oder einmal wöchentlich abends Sport zu treiben. Diese Ziele können Sie nur erreichen, wenn Sie die Gewohnheit des durchgehenden Arbeitens bis in die Nacht einschränken. Sie selber kennen sich und Ihre Gewohnheiten am besten, deshalb können auch nur Sie die folgende Frage beantworten.

Welches gewohnte Verhalten wollen/müssen Sie verändern, um Ihre Ziele zu erreichen?

Das Aufgeben von gewohnten Verhaltensweisen ist oft gar nicht so einfach. Sie können sich selbst motivieren, indem Sie die Gewinne, die mit dem Erreichen der Ziele verbunden sind, so deutlich wie möglich imaginieren. Z. B. können Sie sehen und spüren, dass Sie eine bessere Figur und mehr Lebensenergie haben, wenn Sie es beispielsweise schaffen, auf den täglichen Kuchen zu verzichten.

Schreiben Sie auf, welchen Gewinn Sie haben, wenn Sie Ihr Ziel erreicht haben.

Ziele erreichen wir fast nie, ohne dass es Rückschläge gibt. Deshalb ist es gut, wenn wir dieser Tatsache ins Auge sehen und uns darauf vorbereiten. Was tun Sie, wenn Sie ein Ziel nicht erreicht haben? Verurteilen Sie sich nicht dafür, machen Sie weiter! Fangen Sie wieder von vorn an. Vielleicht unterstützen Sie sich durch ein Erfolgsbuch, in dem Sie all Ihre Fortschritte auf dem Weg den Stress zu meistern festhalten.

Scheuen Sie sich auch nicht, sich durch einen Menschen, der es gut mit Ihnen meint und der Sie gut kennt, oder durch einen Psychologen unterstützen zu lassen.

Auch Rituale können uns helfen, unsere Ziele zu erreichen. Viele Rituale führen wir aus, ohne uns dessen bewusst zu sein. Die Analogie zu juristischen Ritualen bietet sich an. Ein nicht geringer Teil prozessualer Verfahrensvorschriften sind Rituale, die den geregelten Umgang etwa in der forensischen Auseinandersetzung vorschreiben und die Abläufe erleichtern. Was also spricht dagegen, die Struktur des Rituals bewusst zu nutzen?

Rituale sind sinnvoll als Hilfe beim Beginn von etwas Ungewohntem, sie bauen Brücken zwischen Altem und Neuem. So können Sie das

Ritual ganz bewusst für Ihr persönliches Wohlbefinden und zur Verhaltensänderung einsetzen. Beispielsweise können Sie sich vorstellen, dass Sie immer, wenn Sie Ihr Büro verlassen, um Feierabend zu machen, alle »Berufsgedanken« im Büro lassen. Wenn Sie zu Hause die Wohnungstür aufschließen, beginnen Sie bewusst Ihr Privatleben. Ziehen Sie andere Kleidung an. Eine Entspannungsübung oder eine Mikrohandlung sind wohltuende Feierabendrituale. Vielleicht machen Sie es sich bequem und lesen 10 Minuten etwas, das überhaupt nichts mit Ihrem Beruf zu tun hat oder tun Sie eine Weile (zehn Minuten oder länger) gar nichts. Auch wöchentliche Rituale, wie der Saunabesuch, helfen Ihnen, im Berufsalltag Erholungsinseln zu schaffen. Mit Ihrem persönlichen Ritual setzen Sie dem Stress Grenzen.

Wer nicht die Ruhe in sich selber findet, braucht bei anderen erst gar nicht zu suchen (La Rochefoucauld). Ganz gleich, mit welchen Stressfaktoren Sie zu tun haben, letzten Endes sind Sie für sich selbst verantwortlich und niemand kennt Sie so gut wie Sie selbst. Deshalb können Sie auch am besten herausfinden, welche der zahlreichen Anregungen und Übungen Sie ansprechen und welche Sie ausprobieren möchten. Manche Übungen können

Sie in ihrer tieferen Wirkung nur erfahren, wenn Sie diese eine Zeit lang kontinuierlich anwenden. Selbst wenn Sie von all den Übungen nur wenige und diese noch nicht einmal regelmäßig machen, tun Sie immer noch mehr als gar nichts.

Nicht das Hinfallen ist das Problem, sondern das Liegenbleiben. Lassen Sie sich nicht entmutigen, Stressbewältigung ist keine einmalige Angelegenheit, sondern ein tagtäglicher Prozess, der aus vielen kleinen Schritten besteht. Freuen Sie sich auf mehr Gesundheit und Wohlbefinden.

Der Langsamste, der sein Ziel nicht aus den Augen verliert, geht immer noch geschwinder als jener, der ohne Ziel umherirrt.
(G. E. Lessing)

Es gibt vielerlei Lärm, aber nur eine Stille.
(Kurt Tucholsky)

Die Muße ist die Schwester der Freiheit.
(Aristoteles)

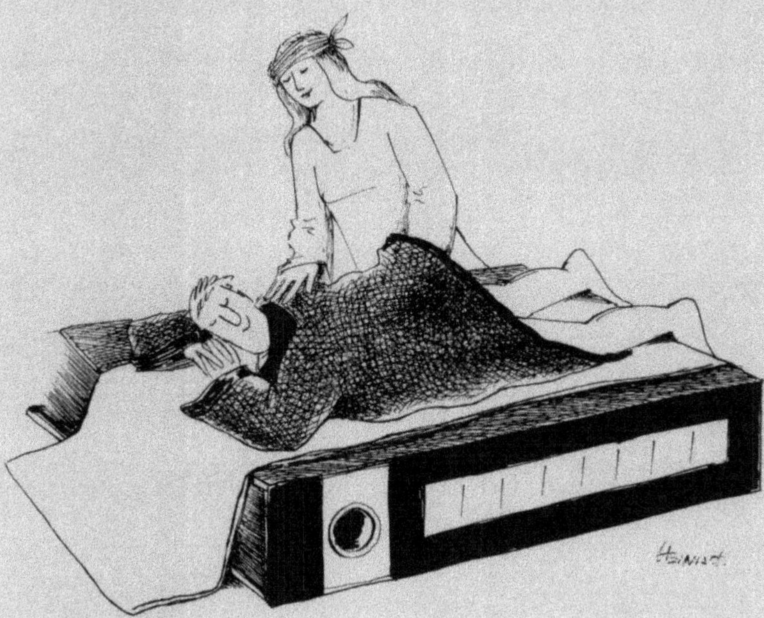

Entspannung

5. »Gesetzestext« Wohlfühlverordnung (VO)

Präambel
In Erwägung, dass dem Rechtswesen am meisten gedient ist, wenn sich insbesondere Rechtsanwältinnen und Rechtsanwälte richtig wohl fühlen, hat der Verordnungsgeber in seiner unendlichen Weisheit beschlossen und für Recht erkannt:

§ 1 Abs. 1
Jeder Rechtsanwältin und jedem Rechtsanwalt (im folgenden: Berechtigte i. S. der VO) steht das unveräußerliche Recht zu, sich wohl zu fühlen.
Abs. 2
Die Durchsetzbarkeit dieses Rechts wird in den folgenden Vorschriften abschließend geregelt.

§ 2 Für Berechtigte i. S. der VO, die sich bislang nicht oder nur unzureichend wohl fühlen, wird angeordnet:

1. Sofort alles andere stehen und liegen lassen
2. VO weiterlesen
3. den Vorschlägen der VO Folge leisten

§ 3 Abs. 1
Jeder Tag hat auch für die Berechtigten i. S. der VO im Höchstfalle 24 Stunden.
Abs. 2
Jeder Berechtigte i. S. der VO ist für den Stress, den er gerade hat, im wesentlichen höchst selbst verantwortlich, woraus ihm das Recht erwächst, diesen Zustand zu verändern und zur eigenen persönlichen Entfaltung zu nutzen.

§ 4 Die Berechtigten i. S. der VO haben Freude über die Tatsache zu bekunden, dass sie mit ihren Stressfaktoren Bekanntschaft machen und darüber hinaus mit ihnen zu meisterlichem Umgang finden, – und dies insbesondere bei

1. Steckenbleiben im Stau und langen Rotphasen der Ampel
2. Bei Endlosvorträgen des geschätzten Gegenübers
3. Nervenden Mandanten
4. Besserwissern aller Art

§ 5 Berechtigte i. S. der VO haben bei Aufeinandertreffen mit unerfreulichen Zeitgenossen aller Art das Recht, sämtliche vorhandenen ideellen und materiellen Abwehrsysteme zu aktivieren, um deren verbalen oder nonverbalen Botschaften aus dem Wege zu gehen oder sich ihnen in sonst geeigneter Form zu entziehen.

§ 6 Abs. 1
Mit Kenntnis der VO geht die Berechtigung einher, kurze Übungen zu vollziehen, die zu entspannten körperlichen und seelischen Zuständen führen.
Abs. 2
Im Falle von Zuwiderhandlungen gelten die Vorschriften der §§ 888 ff. ZPO sinngemäß.

§ 7 Berechtigte i. S. der VO werden ermächtigt, im Bedarfsfalle auch rechtsfremde Personen zur Durchführung der Verordnung im eigenen Interesse hinzuzuziehen und sich notfalls sogar helfen zu lassen.

§ 8 Berechtigte i. S. der VO sind verpflichtet, die Inhalte der Verordnung auch an Dritte (als da sind Büroangehörige, Sozii, Auszubildende) weiterzuleiten und auf der Einhaltung eben jener zu bestehen. Im Weigerungsfalle gilt § 6 Abs. 2 der VO.

§ 9 Abs. 1
Jeder Berechtigte i. S. der VO ist verpflichtet, zumindest einmal innerhalb von 7 Tagen zu genießen.
Abs. 2
Genuss im Sinne dieser VO ist jedes Handeln oder Unterlassen, das geeignet ist, den Zustand von ersehntem oder erwünschtem Wohlgefühl unmittelbar herbeizuführen. Das Nähere regeln Ausführungsvorschriften der örtlichen Justizverwaltung oder der Berechtigte i. S. der VO selbst.

§ 10 Die Wohlfühlverordnung tritt unmittelbar nach Kenntnisnahme des Buches in Kraft.

Gegeben zu Berlin, im Frühling 2005
Isolde Maria Lenniger
Philipp Heinisch

Anmerkungen

1 Wenn von Mandanten und Rechtsanwälten die Rede ist, so sind damit auch Mandantinnen und Rechtsanwältinnen gemeint.
2 Selye, H. (1981): Geschichte und Grundzüge des Stresskonzeptes. In: Nitsch JR (Hrsg.): Stress. Theorie, Untersuchungen, Maßnahmen. Bern, S. 163-187.
3 Vgl. Kaluza, G. (1996): Gelassen und sicher im Stress. Psychologisches Programm zur Gesundheitsförderung. Berlin, S. 20 ff.
4 Vgl. Müller, E.H. (1993): Ausgebrannt - Wege aus der Burnout-Krise. Freiburg, S. 17 ff.
5 Busmann, J. (2003): Hamburg, Seminarunterlagen: Karriere, Kohle, Kompetenz der erste deutsche Lernkongress für Anwältinnen, S. 40.
6 Busmann, J., ebenda, S. 41.
7 Heussen, B. In: Wilmes, A.: Der Anwalt als Unternehmer. Radiosendung vom 5.12.2004 Deutschland Radio Berlin.
8 Bzw. meine engsten Bezugspersonen.
9 Vgl. Fedtke, E. (2001): Zeitmanagement. Der richtige Umgang des Anwalts mit der Zeit. Herne/Berlin.
10 Werth, L. (2003): PSYCHOLOGIE HEUTE, Februar 2003, S. 60 ff.
11 Birkenbihl, V. F. (1998): Der Birkenbihl Power-Tag. Landsberg, S. 298.
12 Birkenbihl, V. (2001): Vorwort in Lo Verde, M. Wege aus der Stressfalle. Landsberg.
13 Jacobson, E. (1990): Entspannung als Therapie. Progressive Relaxation in Theorie und Praxis. München.

14 Tarthang T. (1980): Selbstheilung durch Entspannung. Bern, München.
15 Lazarus, A. (1993): Innenbilder. Imagination in der Therapie und als Selbsthilfe. Stuttgart.
16 Vgl. Csikszentmihalyi, M. (2003): Flow im Beruf. Das Geheimnis des Glücks am Arbeitsplatz. Stuttgart, S. 242.
17 Moeller, M. L. (2004): Die Wahrheit beginnt zu zweit. Hamburg, S. 12.
18 Lo Verde, M. (1998): a.a.O.
19 Wilmes, A., a.a.O.
20 Grönheit, U.: in Wilmes, A., a.a.O.
21 Durch das bewusste Genießen schaffen Sie es vielleicht, das Kaffeetrinken einzuschränken. Kaffee gilt zwar als anregendes Genussmittel, trinken wir zuviel, schadet er unseren inneren Organen sowie dem Nervensystem und raubt uns Lebensenergie. Vielleicht können Sie es genießen, etwas für Ihre Gesundheit und Vitalkraft zu, indem Sie die eine oder andere Tasse Kaffee durch ein Glas Mineralwasser ersetzen.
22 Häufig essen und trinken wir unüberlegt; statt das Essen zu genießen, »stopfen« wir einfach etwas in uns hinein. Falsches und zu üppiges Essen ist ein »Energiefresser«. Sie kennen das: Nach einem zu opulenten Mahl möchten Sie sich am liebsten auf die Couch legen, denn der Körper ist so mit der Verdauung beschäftigt, dass er kaum noch Energie für etwas anderes aufbringt. Siebzig Prozent unseres Körpers bestehen aus Flüssigkeit. Deshalb raten Ernährungswissenschaftler, dass unsere Nahrung zu siebzig Prozent aus Wasser bestehen sollte. Natürlich sollen Sie nicht nur Wasser trinken, sondern verstärkt wasserhaltige Nahrung z. B. Obst, Gemüse, Salate zu sich nehmen. Vollwertige, unverarbeitete Lebensmittel geben uns mehr Lebensenergien als konservierte Nahrungsmittel.
23 Rilke, Rainer Maria, Briefe an einen jungen Dichter.

Literatur

Birkenbihl, V. F. (1998): Der Birkenbihl Power-Tag. Landsberg.

Csikszentmihalyi, M. (2004): Flow im Beruf. Das Geheimnis des Glücks am Arbeitsplatz. Stuttgart.

Fassel, D. (1991): Wir arbeiten uns noch zu Tode. München.

Fedtke, E. (2001): Zeitmanagement Der richtige Umgang des Anwalts mit der Zeit. Herne/Berlin.

Jacobson, E. (1990): Entspannung als Therapie. Progressive Relaxation in Theorie und Praxis. München.

Kaluza, G. (1991): Gelassen und sicher im Stress. Berlin.

Klein, S. (2002): Die Glücksformel oder Wie die guten Gefühle entstehen. Reinbek.

Kretschmann, R. (Hrsg.), (2001): Stressmanagement für Lehrerinnen und Lehrer. Weinheim.

Lazarus, A. (2000): Innenbilder Imagination in der Theapie und als Selbsthilfe. München.

Lo Verde, M. (2001): Wege aus der Stressfalle. Landsberg.

Moeller, M. L. (2004): Die Wahrheit beginnt zu zweit. Hamburg.

Müller, E. H. (1993): Ausgebrannt - Wege aus der Burnout-Krise. Freiburg.

Pfeifer, H. (2001): Power ja – Stress nein. Landsberg.

Reschke, K. und Schröder, H. (2000): Optimistisch den Stress meistern. Tübingen.

Selye, Hans (1981): Geschichte und Grundzüge des Stresskonzeptes. In: Nitsch JR (Hrsg): Stress. Theorien, Untersuchungen, Maßnahmen. Bern S. 163–187.

Spachtholz, B. (1995): Stress lass nach. München, Stuttgart.
Tarthang T. (1980): Selbstheilung durch Entspannung. Bern, München.
Unterholzer, C. (2002): Poesie für die kranke Psyche. In: Psychologie heute.
Vester, F. (1978): Phänomen Stress. München.
Walterskirchen, H. (2002): Das Energie Prinzip. München.
Werth, L. (2003): PSYCHOLOGIE HEUTE.
Wilmes A.: Der Anwalt als Unternehmer, Juristen passen sich der Dienstleistungsgesellschaft an, Radiosendung in: Deutschland Radio, Berlin am 5.12.2004.
Wilson, P. (1998): Das Buch der Ruhe. München.

www.ingramcontent.com/pod-product-compliance
Lightning Source LLC
LaVergne TN
LVHW080002031026
849161LV00026B/2961